VALENTINA
LEPORATI

Valentina
GLUTEN FREE

VALENTINA
LEPORATI

Valentina GLUTEN FREE

Ricette e racconti illustrati

ILLUSTRAZIONI
GIULIA DEL MASTIO

FOTOGRAFIE
MARTINA RUFFINI

REVERDITO

Ringraziamo

Schär GLUTEN-FREE

per la collaborazione

Avvertenza

Tutte le farine naturali e gli ingredienti ritenuti "a rischio" devono riportare sulla confezione la dicitura "SENZA GLUTINE" oppure il simbolo della spiga barrata.

Testo *Valentina Leporati*
Illustrazioni *Giulia del Mastio*
Fotografie *Martina Ruffini*
Progetto grafico *Giulia del Mastio*
Impaginazione *Paolo Micheli*
Redazione *Enza Bove*

Prima edizione: giugno 2020
Servizio Clienti Reverdito: info@reverditoeditore.it

PREMESSA

Io e la Vale ci conosciamo, eccome se ci conosciamo, da quando, ventisette anni fa, indaffarandomi al balcone di casa mia, le prime fioriture di primavera, intravvedo strette alla ringhiera del balcone sotto il mio due piccole mani, e poggiato sulle mani il rosso lucente di una massa di capelli tenuta assieme da una farfalla, la mia nuova vicina di casa.
Chissà cosa mai pensava e chissà cosa vedeva di là dal suo balcone la Vale solitaria, la Vale misteriosa, la Vale arzigogolante, la Vale sognante.
Poi siamo cresciuti assieme io e la Vale, io verso la mia tarda maturità, lei incontro alla scarmigliata danza della giovinezza, due caratteri complicati io e lei, eppure generosi al punto di imparare a volersi bene.
Io voglio bene alla Vale, per quello che ho imparato di lei e per l'imperscrutabile che non imparerò mai, quel suo interiore affacciarsi al balcone e portare il suo sguardo dove io non arriverò mai, là dove c'è una qualche libertà inesplorata, imprevedibile.
La Vale può essere imprevedibile nel modo più delizioso di ribellarsi senza sosta, eternamente ribelle, a ogni genere di costrizione.
La più grande servitù a cui la vita l'avrebbe voluta costringere è stata la sua celiachia.
Io mi ricordo la Vale bambinella che faticava così tanto a mettere su un po' di ciccia che se ne andava a scuola con il suo cestino speciale, me la ricordo in farmacia che cercava nello scaffale a lei dedicato qualcosa da masticare che sembrasse almeno attraente in fotografia, me la ricordo in pizzeria ancora con il suo sacchetto speciale attenta a non muovere le sue mani distrattamente per non sentirsi male. Non so davvero quanto possa aver sofferto, ma so quanto ha resistito a subire la sua sofferenza come un destino, quanto si è ingegnata a crescere ridendo sgargiante anche con il suo sacchetto speciale in mano.
E ora eccola qua, cuoca, pasticcera, autrice, ridente e saggia, e le sue

mani non sono più poggiate alla ringhiera, ma farfalle che creano cose buone, come una fata di una fiaba che vorresti ti venisse a trovare.
Con una di quelle torte che a vederle e ad assaggiarle fanno allegria anche a un glutenprisoner come me.
Il libro è bellissimo da guardare, da leggere e da tenere in cucina, lì in vista per mettere allegria, per ricordare come la rivolta renda più saggi e più felici.

Maurizio Maggiani

INTRODUZIONE

Questo libro non è solo un ricettario amici miei.
Questo libro è una raccolta di racconti, illustrazioni, ricette, pensieri, ricordi, ispirazioni e consigli.
Questo libro rappresenta la mia storia con la celiachìa.
Una storia lunga 31 anni, che prima fu d'odio e poi si tramutò in amore.
I miei genitori scoprirono la mia celiachia quando avevo solo 17 mesi.
Prima della diagnosi definitiva ce n'erano state tante sbagliate a cui seguivano periodi di malessere ancora peggiore.
Ci fu chi disse che era solo Acetone, ci fu chi disse che dovevo fare una cura ricostituente a base di cereali, ci fu addirittura chi nella mia debolezza vide dei segnali di distrofia muscolare.
I miei genitori erano nel panico.
Non voglio nemmeno immaginare cosa sia stato per loro quel periodo.
La loro prima figlia stava male, molto male, e non si sapeva quale fosse il problema.
Non si capiva il problema e quindi non esisteva una cura.
Ci fu un viaggio all'Ospedale Gaslini in seguito all'ennesimo malessere violento e finalmente quel giorno con la gastroscopia venne fuori la verità.
Celiachìa.
Sollievo ma anche frustrazione: nessuno nella mia famiglia sapeva niente su questa malattia.
Uscimmo dal Gaslini e iniziò ufficialmente la mia storia con questa malattia.
Nei primi anni della mia vita ovviamente non mi rendevo conto di quello che comportava essere celiaca negli anni '90 ma mi è stato raccontato tante volte dalla mia famiglia e so che non è stato facile per niente.
I prodotti in commercio erano pochi e costosissimi, si trovavano solo in farmacia e non tutte erano fornite, i biscotti erano duri, la farina acida, il pane plastico, la pasta molle dopo 3 minuti di cottura.
I miei pasti erano per lo più composti da riso, pesce, carne e verdura così da

non rischiare contaminazione e da non dovermi costringere a mangiare cibo confezionato che non era invitante né gustoso.
Andando avanti nel tempo e negli anni, ero io stessa ad andare in Farmacia a scegliere quello che preferivo e mentre io crescevo miglioravano i prodotti disponibili.
Ricordo perfettamente che mi bastava cercare con gli occhi le confezioni gialle e rosse con la spiga barrata negli scafali della farmacia per riconoscere un'isola sicura e senza glutine.
La Schär mi ha accompagnato nella mia relazione con la celiaca fin da subito, fin da quando ho imparato a riconoscere i suoi colori distintivi, ed è per questo che in questo libro troverete in alcune ricette le loro farine.
Per ringraziarli di essere stati una garanzia di sicurezza e qualità e di non avermi mai fatto mancare nulla.
Compravo i miei prodotti preferiti in farmacia e li divoravo felice, senza ansie e paranoie.
Da adolescente però ci fu un blocco.
Quella dell'adolescenza è un'età difficile per tutti, piena di insicurezze ed esitazioni, di difficoltà a relazionarsi con il mondo fuori dalla propria casa e di voglia di emergere e scoprire chi siamo.
In quel periodo io mi sentivo decisamente diversa e strana.
Non conoscevo nessun'altra celiaca e ancora c'erano tante cose da conoscere sulla malattia.
In un periodo in cui si socializza in pizzeria, nelle piazze a far merenda, ai compleanni con buffet, io vedevo il rischio di star male in ogni dove.
Non mi spaventava lo star male in sé, ma il rischio che potesse succedermi davanti ai miei compagni di scuola, davanti a sconosciuti o davanti ai genitori dei miei amici.
La paura mi ha bloccata.
Mi sono rinchiusa nella mia insicurezza e nella vergogna di essere diversa.
Ho fatto un errore enorme.
Solo a 18 anni ho capito che non potevo escludermi da tutto quello che mi spaventava e che la diversità poteva trasformarsi in qualcos'altro solo cambiando il suo nome in "particolarità".

Essere celiaca mi rendeva particolare, mi differenziava dagli altri ma non in maniera negativa.

Ho deciso che avrei portato ben visibile il segno del mio essere particolare e ho deciso di tatuarmi la spiga barrata su una spalla.

Per esporla,

per mostrarla,

per darmi la possibilità di esorcizzare la mia paura.

Da lì è iniziata la mia personale rivoluzione e l›odio per la malattia si è trasformato prima in accettazione e poi in amore viscerale.

Scrivere questo libro è uno dei tanti risultati meravigliosi che ho ottenuto smettendo di credere che la celiachia fosse un ostacolo.

Scrivo queste righe per evitare che altri facciano il mio stesso terribile errore di chiudersi in sé stessi e combatto giornalmente tramite social network per diffondere un messaggio positivo e di inclusione.

Cucino tenendo ben a mente due parole: "particolarità" e "inclusione".

La mia cucina deve essere rivolta a chi ha esigenze particolari ma poter includere tutti.

Quindi tra queste pagine non troverete grandi piatti da ristorante stellato, ma ricette da tutti i giorni, semplici e divertenti.

Vorrei che tutti prendeste in mano una frusta e vi preparaste cose buone e fresche senza temere queste farine un po' ostiche, vorrei che foste stimolati a superare i piccoli e grandi ostacoli, vorrei che foste orgogliosi di aver preparato con le vostre mani il pane per tutta la famiglia.

La celiachia mi ha dato la possibilità di scrivere queste righe e di arrivare a tutti voi e io per questo la ringrazio.

Viva la particolarità che ci rende unici, speciali e capaci di iniziare le nostre rivoluzioni positive.

Vi abbraccio

Valentina

ricette
salate

ricette
dolci

MUFFINS
POMODORINI E MOZZARELLA

INIZIO

CAP. 1

Questa storia inizia nel passato più vicino, nell'estate 2019.
Una mattina caldissima.
Laboratorio con temperature insopportabili e forno strapieno.
Mentre aspetto la cottura delle torte nel forno mi viene fame e ho voglia di qualcosa di salato.
Intorno a me solo dolci di ogni tipo quindi le opzioni sono due:
esco dal laboratorio e inizio una ricerca frustrante di focaccia o pizza (che non porterà a nessun risultato visto che l'offerta di cibo senza glutine nei dintorni è molto scarsa) oppure mi invento qualcosa sul momento.
Ho a disposizione un sacco di farine e dei pomodorini.
Guardo in frigo e trovo anche della mozzarella.
Nella mia testa arriva immediatamente l'immagine di una pizza fumante ma ho troppa fame per poter aspettare i tempi della lievitazione.
Inizio a mettere le farine in una ciotola, dosando ogni grammo di una e dell'altra come in un laboratorio di chimica.
Mentre sono concentratissima a non sbagliare squilla il telefono e sono costretta a fermarmi.
Numero che non conosco, sicuramente un cliente.
Rispondo.
"Buongiorno, Valentina Leporati?"
"Sì, sono io, mi dica"
"Sono un editore e sarei interessato a parlare con lei, la disturbo?"
Ecco, in quel momento il mio cervello ha avuto un black out.
Le gambe non reggevano, la vista si stava appannando e la salivazione era azzerata.
Faccio fatica a ricordare la conversazione nei dettagli perché la mia mente in quel momento era completamente offuscata dalle emozioni.
Per una volta ero la persona giusta.
Io, Valentina, ero stata scelta per scrivere un libro di ricette senza glutine.

Sarzana – Estate 2019

Appena conclusa la telefonata mi sono seduta per terra in laboratorio.
La testa tra le mani e un vortice di pensieri che la rendeva pesantissima.
Felicità, paura, soddisfazione, ansia e poi ancora felicità.
Felicità per aver ottenuto la possibilità di raccontare la celiachia;
felicità per poter spingere le persone a cucinare e a divertirsi tra farina, uova e zucchero;
felicità per aver trasformato il mio cruccio, la celiachia, nella spinta verso la realizzazione del mio sogno di scrivere un libro.
Ho telefonato subito alla mia famiglia e dopo aver urlato di gioia con loro al telefono ho chiamato la persona con cui avevo condiviso questo sogno fin dal nostro primo incontro virtuale.
Giulia è l'illustratrice di questo libro e da quando ci siamo scoperte su Instagram non abbiamo fatto altro che pensare a come poter unire i nostri lavori.
L'idea di un ricettario illustrato è nata fin da subito ma avevamo paura che non fosse il momento giusto per lanciarci in questa avventura.
Noi non ci stavamo lanciando ma l'opportunità si era appena lanciata di testa su di noi e ovviamente l'abbiamo colta al volo.
La telefonata con Giulia è stata un misto di risate, incredulità, urla e lacrime.
Il nostro sogno era lì, tangibile, finalmente realizzabile.
Non ci crederete ma dopo tutto questo vortice emozionale la fame mi era passata.
Ho guardato la ciotola con le farine e ho pensato che quel mix appena creato doveva diventare una ricetta importante.
Non sapevo ancora cosa sarebbe venuto fuori ma ero sicura che quel mix improvvisato mi aveva portato fortuna e che quindi sarebbe stato nel libro.
Quel mix era in lavorazione mentre una delle telefonate più importanti della mia vita stava arrivando.
Ecco a voi la prima ricetta di questo sogno fatto di pagine, illustrazioni, ricordi e ispirazioni.
Preparate questi muffins pensando che i desideri si realizzano e che anche i più grandi ostacoli possono trasformarsi in opportunità. Basta crederci. Basta avere fame.

INGREDIENTI
(per 8 muffins circa)

- **150 gr di farina di riso**
- **40 gr di farina di teff**
- **25 gr di fecola di patate**
- **1 bustina di lievito in polvere**
- **80 ml di olio di semi**
- **100 ml di latte di riso**
- **2 uova**
- **20 gr di Parmigiano grattugiato**
- **12 pomodorini Pachino**
- **1 mozzarella**
- **1 pizzico di sale**

PROCEDIMENTO

Tagliate i pomodorini a metà e la mozzarella a cubetti e lasciateli in uno scolapasta per eliminare il liquido in eccesso.
In una ciotola versate prima il latte e l'olio di semi e poi aggiungete le uova.
Sbattete con una frusta e quando le uova saranno rotte aggiungete gli ingredienti secchi: farina di riso, farina di teff, fecola, sale e lievito.
Usate la frusta per creare un impasto liscio e senza grumi.
Aggiungete il parmigiano, i pomodorini e la mozzarella e sbattete di nuovo il tutto per pochi secondi.
Versate l'impasto nei pirottini da muffins e infornate a 170° per 20 minuti.

I muffin salati sono perfetti per una merenda diversa dal solito
Potete prepararli con verdure cotte precedentemente in padella, formaggi, salumi, salmone.

Date libero sfogo alla vostra fantasia!

IDEE LIBRO
20 capitoli
RACCONTO
RICETTA
illustrazioni + foto
illustrazioni: Giulia
foto: Martina
fiori: Irene
vestiti: Carolina
props e
location: Sara
MUFFIN SALATI
150 gr. di farina di riso - farina di teff - 25 g fecola
PANE
FOCACCIA
COOKIES ALLE ERBE AROMATI-
GRISSINI - GNOCCHI CHE
PANCARRÈ RUSTICO

TAGLIATELLE

RICORDI

CAP. 2

Quando ero piccola la cucina era un luogo vietato per me.
Tutti erano spaventati all'idea di avermi intorno in un ambiente contaminato; avevano paura di perdermi di vista un attimo e di ritrovarmi con in bocca qualcosa di glutinoso arraffato di nascosto.
Una bambina piccola, con un problema così grosso, doveva stare solo in zone sicure, lontana da tutto ciò che avrebbe potuto farle male.
Al tempo la celiachia era poco conosciuta: a casa mia non si era mai sentita nominare prima che la diagnosticassero a me.
La diagnosi portò con sé scompiglio e paure.
Non si avevano informazioni con la facilità con cui si hanno oggi e quindi bisognava affidarsi soltanto a quello che diceva il medico.
Non potendolo disturbare per ogni minimo dubbio, si tagliava la testa al toro eliminando tutto quello che si pensava potesse essere rischioso.
Spesso il rischio veniva visto anche dove in realtà non esisteva, si stava attenti a tutto senza ragionare sull'effettiva nocività delle cose.
La cucina ovviamente aveva il livello massimo di pericolosità quindi io ne ero stata esclusa.
La porta della cucina stava chiusa e io non potevo entrare se non quando il mio piatto, preparato con cura ossessiva, mi aspettava in tavola fumante.
Io mangiavo per prima, da sola, perché così non poteva esserci la minima quantità di glutine sul tavolo e nemmeno sui fornelli che erano stati precedentemente igienizzati per me.
Tutte queste attenzioni mi permettevano di mangiare tranquilla, senza ansie, ma allo stesso tempo pensavo a quanto mi sarebbe piaciuto vedere tutti gli altri seduti al tavolo con me.
Il pensiero durava poco, ero piccola e mi distraevo facilmente.
Però si insinuava lentamente nella mia testolina l'idea della diversità.
Il gesto di proteggermi aveva il risvolto negativo della creazione di un'immaginaria gabbia dorata in cui sistemarmi e poter stare tranquilli.

Ma in quella gabbia ero sola e piano piano mi stavo abituando all'idea che la mia sicurezza era totale solo se mangiando rimanevo lontana da tutto e da tutti.
La cosa a quell'età non mi disturbava ancora più di tanto, passavo il mio tempo di isolamento lontana dalla cucina giocando in altre stanze e facendo i compiti sdraiata per terra in sala, solo poco tempo fa ho ragionato sulle conseguenze che la scarsa informazione e la paura hanno avuto su di me.
Ad esempio ho realizzato che mi manca una grossa fetta di ricordi che accomunano tante persone.
Escludendomi dalla cucina e dalla preparazione del cibo mi sono persa quegli episodi che tante volte ho sentito raccontare ascoltando le storie di vita degli altri: le mattinate passate in cucina con le nonne, le domeniche in famiglia trascorse a preparare pasta fresca e a impastare torte.
Gli insegnamenti più importanti della vita di molti arrivano proprio da lì, dalla cucina: gesti sicuri, veloci e sapienti che guidavano piccole mani inesperte nella conoscenza di un'arte che si sarebbero portati dietro per sempre.
Le cucine di una volta erano una vera e propria scuola di vita in cui si imparavano il rispetto, la pazienza e la grazia.
Si creavano rapporti tra generazioni a suon di mattarelli, uova e farina.
Io questa parte l'ho completamente saltata.
La farina era il mio peggior nemico e quindi la nonna impastava da sola a distanza di sicurezza.
Non ho imparato a fare la pasta fresca grazie alle nonne o alle bisnonne, ho imparato da sola combattendo con farine che non legavano e il silenzio di ricette non tramandate.
Ho imparato per poterle un giorno tramandare io stessa.
Non so se avrò figli o nipoti ma sicuramente a qualcuno insegnerò ad impastare le tagliatelle senza glutine, a sentirne il profumo e ad apprezzarne la ruvidezza che accoglierà tutto il sugo con cui verranno condite.

Queste tagliatelle sono dedicate alle nonne di oggi e di domani, perché possiate portare avanti una tradizione che non deve andare persa, perché anche senza glutine si può creare la magia della pasta fresca, perché nessun nipote cresca senza l'emozione dell'incontro tra generazioni.

60
88
56
66
87
70

INGREDIENTI

- **150 gr di Mix B Schär**
- **2 uova**
- **30 ml di acqua tiepida**

PROCEDIMENTO

In una ciotola versate la farina e aggiungete le uova.
Prima di cominciare ad impastare aggiungete anche l'acqua tiepida e solo dopo questo passaggio potrete iniziare ad impastare.
L'aggiunta di acqua tiepida permetterà all'impasto di diventare elastico e di non seccarsi troppo presto quando andremo a stenderlo con il mattarello.
Lavorate l'impasto fino ad ottenere una palla liscia e priva di grumi e se necessario aggiungete un pizzico di farina alla volta per staccarlo dalle mani.
Coprite l'impasto con la pellicola e lasciatelo riposare in frigorifero per 15 minuti.
Preparate il piano di lavoro infarinandolo con la farina Mix B Schär e assicuratevi che sia ben infarinato anche il matterello.
Prendete metà dell'impasto e stendetelo con il matterello creando un rettangolo dello spessore di circa 2/3 mm.
Rifinite i lati del rettangolo con un coltello per renderlo regolare.
Con il lato più corto verso di voi iniziate ad arrotolare su se stesso l'impasto facendo attenzione a non fare troppa pressione.
Affettate il rotolo ottenuto cercando di mantenere la larghezza di 1 cm per ogni fetta.
Srotolate le fettine e vedrete comparire sul piano le vostre tagliatelle pronte per essere cotte.
Ripetete tutti i passaggi con l'altra metà di impasto.
Fate bollire l'acqua, aggiungete il sale grosso e buttate le tagliatelle.
Cuoceranno in 8 minuti circa; assaggiatele per essere sicuri della cottura.

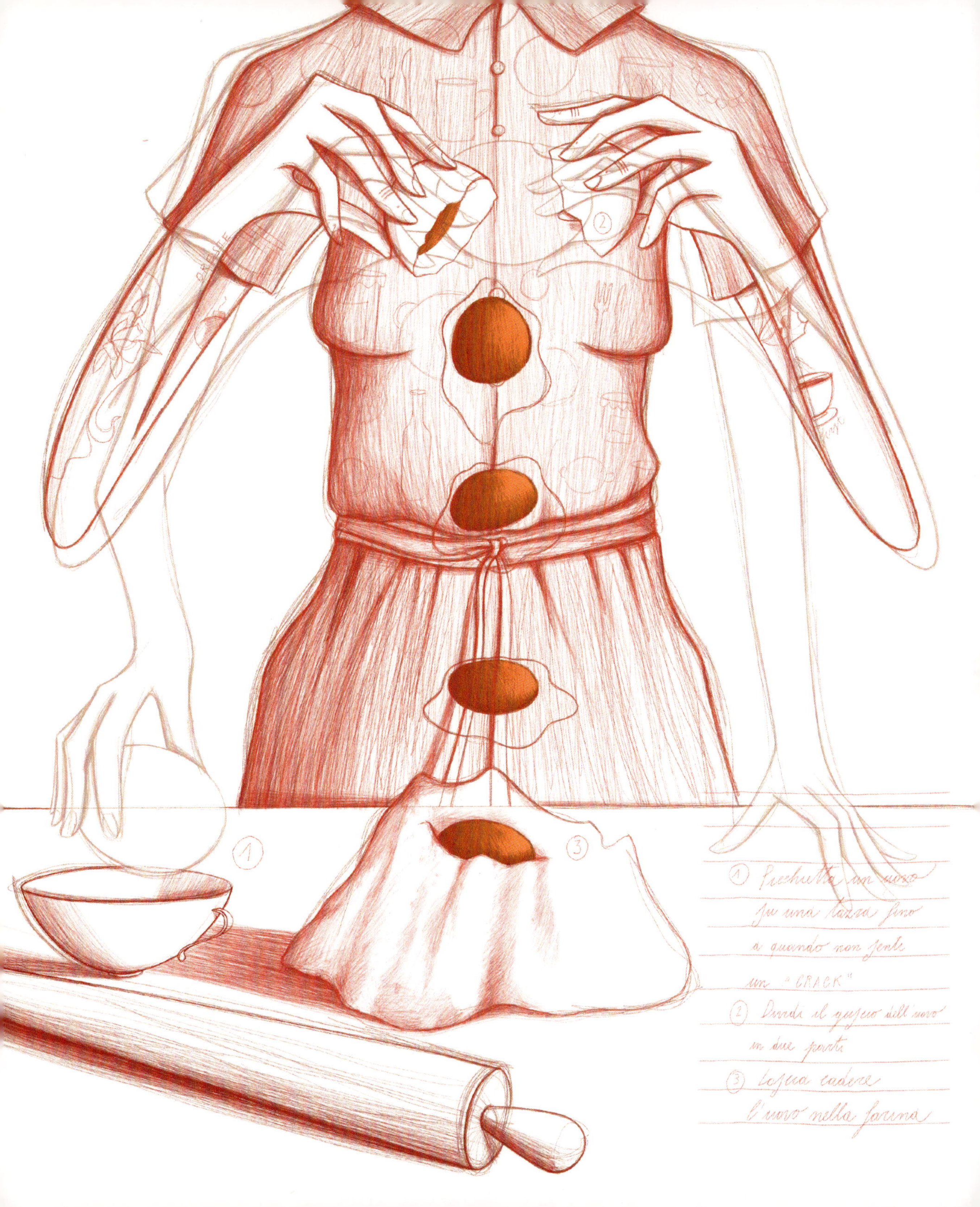
1 Picchietta un uovo
su una tazza fino
a quando non senti
un "CRACK"
2 Dividi il guscio dell'uovo
in due parti
3 Lascia cadere
l'uovo nella farina

PANE DI PATATE

PAPÀ

CAP. 3

Il pane è la rappresentazione esatta di quello che manca a noi celiaci.
Il pane fresco, profumato, appena sfornato.
Non so nemmeno dirvi quante volte ho sognato di poter andare in un panificio e scegliere il mio pane preferito tra le decine di opzioni possibili.
Quello integrale, quello con le olive, quello al latte, quello con i semi, quello da tagliare a fette oppure quello da staccare con le dita e mangiare pezzettino per pezzettino, gustandone ogni morso.
Scegliere con i sensi avvolti dalla meraviglia di un panificio artigianale: il profumo intenso, il bancone invaso da briciole, i sacchetti in carta, le mani esperte dei fornai nel laboratorio.
Tutto questo un celiaco deve dimenticarlo, oppure rassegnarsi a vederlo raramente.
Noi Italiani costruiamo tutti i nostri pasti intorno al pane: avete mai visto una tavola italiana senza il pane? È davvero raro.
Nella mia famiglia ad esempio è immancabile e ogni giorno bisogna andare dal fornaio a prenderlo.
Ricordo ancora le raccomandazioni di mio papà: “Valentina mi raccomando: pane Toscano, quello di Vinca, che abbia la crosta ben croccante”.
Io, la designata per questo compito in quanto figlia maggiore, scendevo le scale di casa e correvo dal fornaio ripetendo parola per parola le istruzioni che mi erano state impartite.
Tornavo a casa con la pagnotta sotto braccio e mentre salivo le scale la annusavo.
Ho imparato presto ad immaginare i gusti delle cose fidandomi del mio olfatto.
Forse è iniziato proprio in quei momenti il mio viaggio nella panificazione senza glutine.
È iniziato lì perché quando appoggiavo il pane sul tagliere, vicino al mio piatto c’era ad aspettarmi un misero panino bianco e duro.

DI CRANO
TIPO "00"
1Kg
DI CRANO
TIPO "00"
1Kg
PENNE
SPAGHETTI
500 gr
Biscotti
ARTIGIANALI
Biscotti
ARTIGIANALI
FETTE
BISCOTTATE

Un panino che profumava di ammoniaca e che si appiccicava a tutti i denti.
Puntualmente lo lasciavo lì e piano piano ad aspettarmi accanto al mio piatto non c'era più niente e io preferivo così.
Mi arrabbiavo con quel panino appiccicoso e senza gusto, mi arrabbiavo quando al posto del pane sceglievo i crackers (prima di rinunciare del tutto) e non potevo fare la scarpetta nel sugo di cinghiale di papà.
La scarpetta! Quante volte a ristorante avreste voluto fare la scarpetta ma non avevano il pane senza glutine? A me è successo un'infinità di volte e mentre mi arrabbiavo decidevo di dimenticare le buone maniere e di pulire il piatto con le dita pur di non lasciare il sugo.
Un giorno in cui il famoso cinghiale in umido di papà era previsto per la sera ho deciso che mi sarei fatta il pane da sola e che avrei pulito il piatto fino all'ultima goccia con quello che sarei riuscita a sfornare.
Armata di buona volontà, di una ricetta presa su un vecchio libro trovato in casa e di tutte le farine senza glutine presenti nella dispensa ho iniziato ad impastare.
Dopo 5 minuti la farina era ovunque e io stavo perdendo le speranze.
L'impasto si sbriciolava, non stava insieme, era bianchissimo e non profumava per niente.
Ho messo insieme quel miscuglio appiccicoso con le lacrime agli occhi per la frustrazione e l'ho lasciato a lievitare come scritto in quella ricetta trovata per caso.
Due ore.
Due ore d'attesa mi sembravano un'infinità e anche se avrei potuto renderle produttive studiando o leggendo, sono rimasta immobile sul divano.
Avevo immaginato di andare dal fornaio a prendere il pane Toscano, quello di Vinca, con la crosta croccante e di posizionarlo in tavola.
Avevo immaginato che vicino al mio posto ci sarebbe stata una sua piccola imitazione senza glutine, profumata e dorata come lui.
Avevo immaginato di pulire il piatto come tutti gli altri: non con le dita, ma tenendo tra le dita un pezzo di mollica.
Non è andata così.
Dopo due ore non era cambiato nulla, l'impasto si era gonfiato ma poi era di nuovo sceso ed era diventato una massa informe e con una consistenza molliccia e fastidiosa al tatto.

Io non mi arrendo facilmente quindi provai comunque ad infornarlo ma il risultato fu disastroso.
Esterno bruciato e interno grigiastro e plasticoso.
Il mio cane comunque apprezzò tantissimo questo pasto imprevisto e diverso dal solito.
Da quella sconfitta non mi sono ripresa facilmente e il pane è sempre stato un mio desiderio irrealizzato.
Ho cucinato tante altre cose, ho sfornato dolci ma non ho mai panificato per tanto tanto tempo.
Poi un giorno mi sono sentita pronta.
Non so dirvi il perché, ma sentivo che quello era il giorno buono, che ero calma e determinata.
Quel giorno non ho distrutto la cucina e non ho pianto davanti all'impasto.
Quel giorno ho seguito le mie mani e non una ricetta.
Sono andata ad istinto e forte della mia esperienza con altre preparazioni senza glutine, ho improvvisato una mia ricetta.
Ecco, quella ricetta è qui per voi ed è qui per insegnarvi che ogni fallimento ci rende più forti.
Che si sbaglia e si può migliorare.
Questa ricetta è qui per insegnare a tutti noi che ancora una volta da una difficoltà che pensavamo insormontabile può nascere un pane delizioso.
Buona scarpetta a tutti!

Da una difficoltà che pensavo insormontabile
può nascere un pane delizioso

INGREDIENTI
(6 filoncini circa)

- **350 gr di Mix B Schär**
- **200 gr di patate lessate**
- **300 ml di acqua tiepida**
- **25 gr di lievito di birra fresco**

PROCEDIMENTO

Lessate le patate e fatele intiepidire.
Schiacciatele con uno schiacciapatate all'interno della ciotola della planetaria.
Sciogliete il lievito nell'acqua tiepida.
Ricordatevi che potete usare la metà del lievito previsto se avrete più tempo a disposizione.
25 gr di lievito sono la quantità giusta per ottenere una buona lievitazione in 2 ore.
Aggiungete la farina e l'acqua con il lievito e attivate la planetaria con il gancio ad uncino.
Basterà circa un minutò e il vostro impasto sarà pronto.
Mettetelo in una ciotola e copritelo con pellicola.
Lasciate riposare l'impasto in una zona non fredda della casa.
Dopo circa due ore la lievitazione sarà completa.
Mettete un po' di farina sul piano di lavoro e sulle vostre mani.
Staccate un pezzo di impasto grande come una pallina da tennis e passatelo nella farina.
Fatelo rotolare sul piano infarinato fino ad ottenere un filoncino e sistematelo in una teglia coperta di carta forno.
Ripetete i passaggi per tutto l'impasto rimanente.
Potete anche creare un unico grande filone di pane con la stessa tecnica.
Spennellate la superficie del vostro pane con olio extravergine di oliva e infornate a 180° per 20/25 minuti.
Se userete il forno ventilato otterrete una crosticina croccante.

quel giorno ho seguito
le mie mani e non la ricetta

← ma questa è la ricetta!

FOCACCIA CON GRANO SARACENO E MIGLIO BRUNO

VIAGGIO

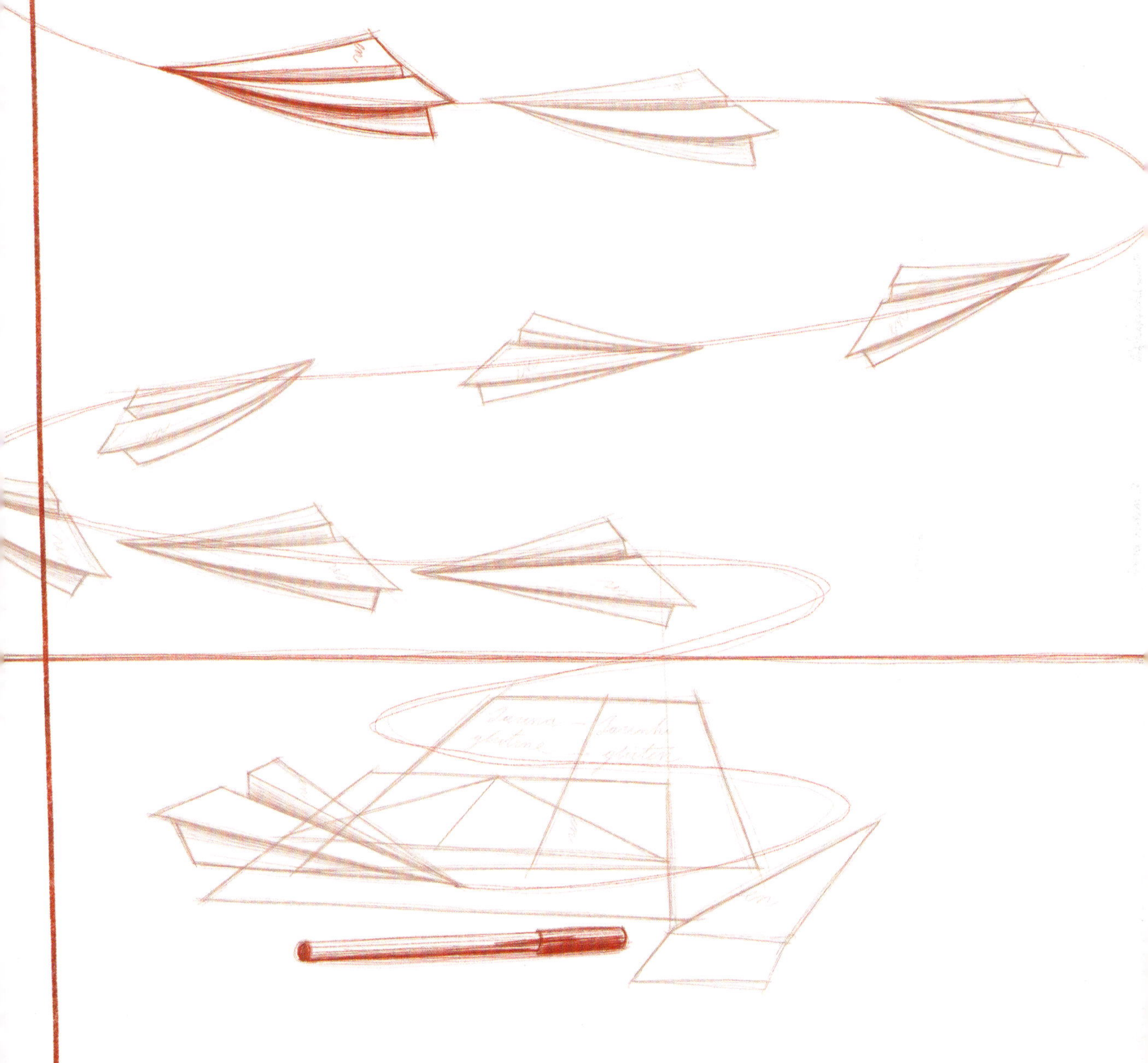

CAP. 4

Il viaggio per i celiaci è da sempre motivo di preoccupazione.
Nel proprio paese è abbastanza semplice orientarsi e trovare opzioni gluten free nei locali perché la lingua parlata è la stessa e perché si conoscono i luoghi dove andare a cercare prodotti.
Nel proprio paese la ricerca di ristoranti, pizzerie, pasticcerie è semplificata da applicazioni, consigli di conoscenti e recensioni.
All'estero la storia cambia.
I celiaci devono iniziare ad organizzare il viaggio mesi prima orientandosi tra siti specializzati, blog a tema, dizionari di lingua per imparare le basi fondamentali per sapersi spiegare.
Non sottovalutiamo poi la questione valigia: metà dello spazio disponibile verrà sicuramente occupato da riserve alimentari per la sopravvivenza.
Ogni volta che sono andata fuori dall'Italia mi sono sempre ritrovata con pochissimi vestiti ma un sacco di crackers, grissini, merendine e biscotti.
La paura di non trovare nulla nel paese che andremo a visitare è normale.
Non dev'essere però un impedimento alla vostra voglia di viaggiare ma anzi deve spingervi ad organizzarvi e a conoscere il più possibile di quel posto.
Vista da un'angolazione diversa è l'occasione per rimettersi a studiare e a fare ricerca come se fossimo a scuola e dovessimo consegnare un compito ben fatto alla professoressa: "Celiaci all'estero. Come sopravvivere".
A parte scherzi, la paura non può fermare la nostra voglia di scoprire il mondo.
Ricordo perfettamente un viaggio a Lisbona in primavera.
Mesi prima avevo stampato un foglio in portoghese da far vedere ai ristoratori che avrei incontrato: foglio bianco e scritta in grassetto con le indicazioni sulla celiachia e sui cibi vietati.
Avevo anche cercato in lungo e in largo nel web informazioni su ristoranti già provati da altri celiaci ma purtroppo al tempo non avevo trovato grandi cose.
Un po' scoraggiata ma sicura di non volermi rovinare il viaggio per questo ho riempito la valigia di cibo e sono partita.

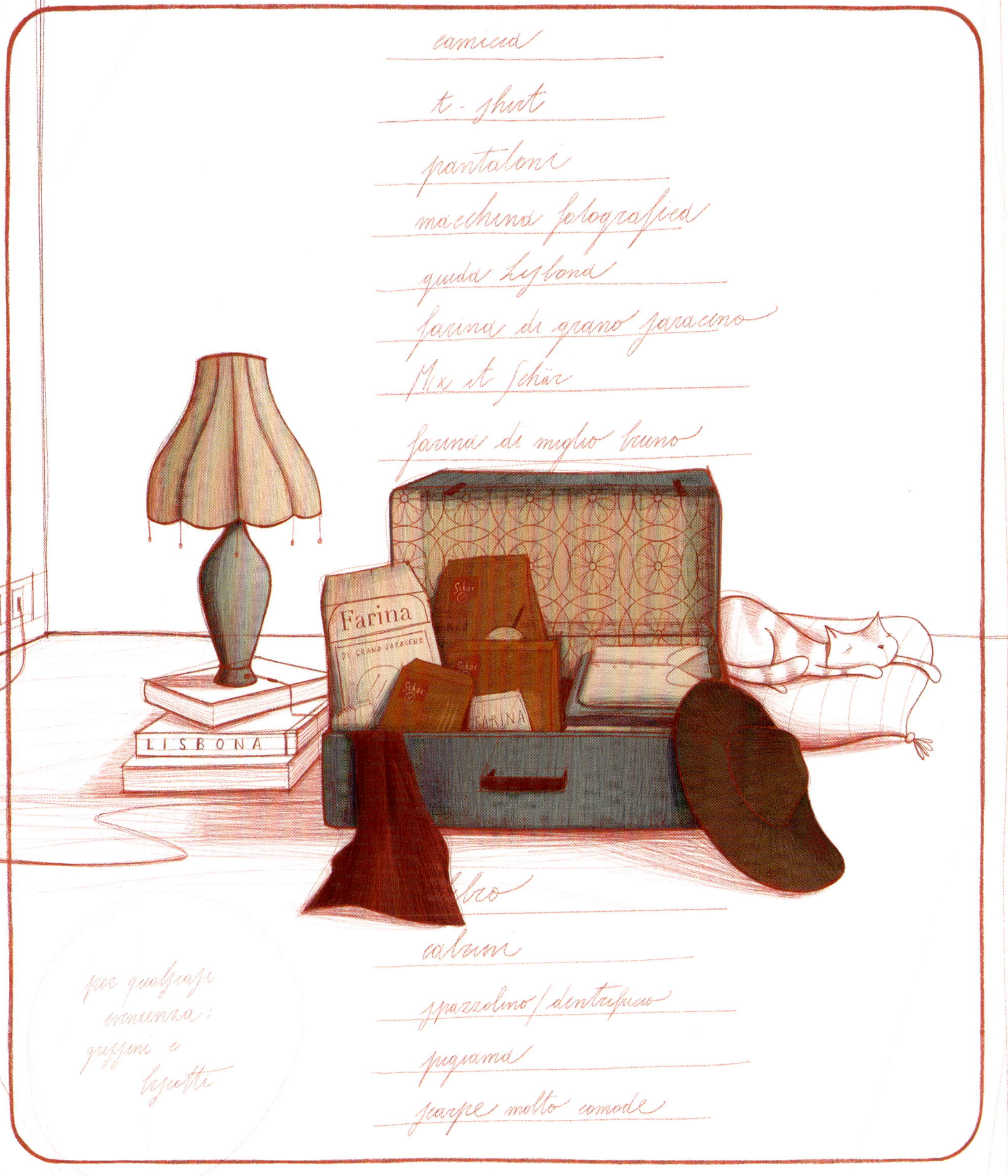
camicia
t-shirt
pantaloni
macchina fotografica
guida Lisbona
farina di grano saraceno
Mix it Schär
farina di miglio bruno
Farina
di grano saraceno
Schär
Mix it
FARINA
LISBONA
libro
calzini
spazzolino/dentifricio
pigiama
scarpe molto comode
per qualsiasi evenienza: grissini e biscotti

Non dormivo in un hotel o Bed&Breakfast ma in un piccolissimo appartamento quindi tra i vari prodotti di "salvataggio" avevo inserito anche la farina (un chilo di vestiti in meno in cambio della possibilità di cucinare) con l'idea di utilizzarla per fare delle impanature veloci o dei dolcetti semplici da portarmi in giro come merenda.
A Lisbona ho trovato di che nutrirmi per fortuna, il loro pasto principale e più famoso prevede un piatto combinato che è naturalmente senza glutine: salmone alla piastra, riso, insalata e pomodori.
Una festa!
Dopo due giorni di pranzo e cena con salmone e insalata però iniziavo a sentire il bisogno di qualcosa di diverso e alternativo; complice una giornata di pioggia mi sono ritrovata in cucina ad inventare.
Un passo alla bottega di alimentari sotto l'appartamento e avevo tutto il necessario.
Una ligure lontana da casa ha solo una cosa in mente: focaccia.
In quel momento sono stata felicissima di aver rinunciato ad un chilo di vestiti in cambio di un chilo di farina.
Ho impastato la focaccia a mano, con una frusta ad aiutarmi perché la cucina aveva soltanto lo stretto necessario.
Impasto, idrato, impasto di nuovo e idrato di nuovo.
Verso il composto liquido nell'unico stampo disponibile, più simile ad una teglia per brownies che ad una per focaccia.
Inforno e aspetto.
Io non so dirvi la gioia che ho provato quando ho sfornato la focaccia improvvisata! Era altissima, umida, croccante all'esterno e unta: perfetta!
Ne ho divorata metà e l'altra l'ho tagliata a strisce e chiusa in un sacchetto.
Ho finito la mia vacanza a Lisbona portandomi la focaccia nella borsa per ogni dove.
Se non trovavo un ristorante sicuro o dei supermercati attrezzati avevo il mio salvagente croccante e saporito per sfamarmi.
Da quel giorno ogni volta che parto metto in valigia un sacchetto di farina e lascio a casa un chilo di vestiti.
Meglio la stessa maglietta per 3 giorni che un solo pasto saltato.

INGREDIENTI
(teglia)

- 580 gr di Mix It Schär
- 50 gr di farina di grano saraceno
- 20 gr di farina di miglio bruno
- 10 ml di olio extravergine di oliva
- 500 ml d'acqua (da dividere in 400 ml e 100 ml)
- 25 gr di lievito di birra fresco

PROCEDIMENTO

In una planetaria versate le tre farine ed aggiungete 400 ml di acqua tiepida.
Azionate l'impastatrice con il gancio ad uncino e nel mentre sciogliete il lievito nei rimanenti 100 ml d'acqua tiepida.
Ricordatevi che potete usare la metà del lievito previsto se avrete più tempo a disposizione.
Dopo 5 minuti versate acqua e lievito nell'impasto e lasciate lavorare l'impastatrice.
Dopo 5 minuti aggiungete l'olio e lasciate lavorare l'impasto per altri 5 minuti a velocità alta.
Ungete una ciotola con dell'olio extravergine di oliva e versateci l'impasto.
Risulterà molto liquido: non spaventatevi, deve essere esattamente così.
Coprite la ciotola con della pellicola trasparente e lasciate lievitare in una zona non fredda della casa.
Dopo circa due ore la lievitazione sarà completa.
Versare l'impasto dalla ciotola con un solo gesto direttamente in una teglia ben unta e recuperate quel che rimane nella ciotola con una spatola facendo movimenti delicati per non sgonfiare l'impasto.
Infornare a 190° per 30 minuti.
A metà cottura aggiungete del sale grosso sulla superficie della focaccia.

Questa focaccia verrà alta e umida all'interno e proprio per queste caratteristiche si presta ad essere farcita

20 gr farina di miglio
50 gr farina di grano saraceno
500 gr Mix it Schear
3
2500 g
500 g
2Kg
1Kg
1500 g

BISCOTTI
ALLE ERBE AROMATICHE

IMBARAZZO

CAP. 5

La vita di ogni celiaco è caratterizzata da una collezione più o meno vasta di momenti imbarazzanti.
Imbarazzo intimo, verso noi stessi che ci sentiamo un po' diversi (particolari è la parola esatta) oppure imbarazzo verso gli altri che fanno figuracce o dicono stupidaggini.
I momenti di imbarazzo maggiore sono pochi per fortuna, si contano sulle dita di una mano, ma sono quelli che ricorderò sempre con un misto tra amarezza e tenerezza.
Sono stati episodi che mi hanno decisamente ferita ma sono stati proprio quelli a spingermi verso l'accettazione della celiachia come qualcosa di normale e gestibile in tranquillità.
Ve li racconto proprio per questo, per condividere con voi momenti neri che mi sono capitati e che potrebbero esser già capitati anche a voi ma soprattutto per riderne insieme e per passare oltre ancora più forti e sicuri di noi stessi.
Il problema non è la celiachia ma è la limitazione di chi non conosce cosa sia e non si sforza nemmeno di conoscerla.
In parole povere: il problema sono l'ignoranza e la mancanza di empatia.
Facciamo un salto indietro nel tempo e torniamo nel 1993.
Immaginate una bambina piccola, non particolarmente carina, con i capelli arancioni, la pelle bianchissima e un sacco di lentiggini.
Quella bambina a mensa si sedeva sempre a capotavola sotto indicazione della cuoca ed era costretta ad aspettare che la nonna le portasse il pranzo da casa, in una scatolina di plastica.
Aspettava paziente e molto affamata che il pasto le arrivasse al tavolo e ogni volta veniva preceduto dalle urla intimidatorie della maestra che metteva in guardia gli altri bambini: "state lontani dal piatto di Valentina, guai a chi si avvicina a lei mentre mangia! Se il pane arriverà nel suo piatto la avvelenerete e dovrà andare di corsa all'ospedale!"
Valentina, la pel di carota, diventava più rossa di un peperone, gli occhi le si

Valentina
GLUTEN FREE
THE STRENGTH OF A LIONESS

riempivano di lacrime per la vergogna e la fame che la divorava fino a poco prima spariva in un batter di ciglia.
Davanti a lei una cotoletta invitante e delle patatine preparate con dedizione e attenzione dalla nonna, ma la vergogna di quel pasto diverso non le faceva nemmeno alzare la forchetta.
Gli altri bambini mangiavano la pasta in bianco mentre lei aveva davanti un pranzo degno di una principessa ma ormai lo stomaco era chiuso.
Vedendo davanti a lei un bambino che aveva tutta l'aria di voler assaggiare quel sontuoso e ricco pasto decise di porgergli il piatto con un timido e lacrimoso: "Lo vuoi? Non ho fame".
Risposta: "quella roba da malata mangiatela te".
Ecco.
Malata.
Ad una bambina dell'asilo già evidentemente diversa dagli altri per colori e forme, la parola "malata" risuonò fortissimo dentro le quattro mura della mensa.
Le lacrime fino a quel momento trattenute a stento esplosero in un pianto a dirotto.
Quel ricordo tutt'ora mi fa male.
Per la prima volta qualcuno mi aveva detto in faccia che avevo un problema e io mi ero sentita così ferita che avevo chiesto ai miei genitori di farmi pranzare a casa e non alla mensa.
Non volevo tornarci mai più.
Accettarono per istinto di protezione e per rassegnazione verso l'ignoranza, che evidentemente non aveva e non ha tutt'ora età.
Facciamo adesso un salto avanti nel tempo e catapultiamoci nel 2005, nel pieno della mia adolescenza, avevo 17 anni.
Ricordo perfettamente una serata speciale in cui avevo avuto da mio papà il permesso di andare alla festa della scuola.
Non uscivo volentieri, ero solitaria e spaventata dalle interazioni sociali.
Evitavo i compleanni e tutte le situazioni in cui ci si ritrovava intorno al cibo, dove la mia particolarità si svelava.
Ma a quella festa non volevo rinunciare, se ne parlava da mesi in classe e mi stavo sforzando di superare le mie preoccupazioni.

Avevo passato tutto il giorno in casa con un'amica a provare vestiti cercando quello che ci avrebbe reso giustizia.
Lei a metà pomeriggio era uscita per andare a salutare suo papà che lavorava in un negozio di alimentari e al ritorno mi aveva portato in regalo da parte del padre un pacchettino di biscotti senza glutine appena arrivati nel suo negozio.
Un sacchettino trasparente contenente due biscotti al cioccolato.
Io mi fidai e mangiai.
Vi giuro: i biscotti più buoni che io abbia mai mangiato.
Poi, la telefonata: "Giada, dì alla tua amica di non mangiare quei biscotti, mi sono sbagliato! Sono per diabetici!"
In quel momento ho provato così tante emozioni che faccio fatica a descriverle: panico, rabbia, rassegnazione e poi vomito vomito vomito.
Sono stata malissimo tutta la sera, tutta la notte e tutta la mattina seguente e in più non avevo potuto partecipare all'unica festa a cui mi era concesso andare e per la quale avevo deciso di superare i miei limiti.
Tutto grazie alla mia adorabile malattia.
Provavo a sfidarla e lei mi rimetteva al mio posto.
Non ero ancora pronta, la sfidavo senza averla accettata.
Oggi ripenso a questi episodi e a tanti altri che riempiono i miei ricordi e sorrido.
Al tempo non sapevo difendermi, non sapevo proteggermi e non sapevo arrabbiarmi se qualcuno non era attento nei miei confronti.
Oggi difendo la mia salute e quella degli altri con la forza di una leonessa e combatto perché nessuno si senta diverso.
Ci sono stati e ci saranno episodi che ci faranno arrabbiare e l'unica arma che abbiamo per migliorare la nostra condizione è quella di parlare.
Parlate, spiegate, diffondete informazione.
Così quando qualcuno vi dirà qualche assurdità come: "le erbe aromatiche potete mangiarle?"
Saprete cosa rispondere e avrete aiutato il celiaco che verrà dopo di voi.
Sì, la domanda mi è stata fatta veramente.

Oggi difendo la mia salute e
quella degli altri con
la forza di una leonessa
e combatto perche nessuno si senta
diverso.

INGREDIENTI
(20 biscotti circa)

- **250 gr di Mix B Schär**
- **120 gr di burro**
- **2 uova**
- **30 gr di Parmigiano grattugiato**
- **un pizzico di sale**
- **pepe q.b.**
- **noce moscata**
- **erbe aromatiche tritate (salvia, rosmarino, erba cipollina)**

PROCEDIMENTO

Sciogliete il burro a bagnomaria.
In una ciotola versate la farina, il Parmigiano, il sale, il pepe, la noce moscata e le erbe aromatiche tritate.
Aggiungete il burro fuso e mescolare con le mani fino ad ottenere un effetto sabbioso.
Aggiungete le uova ed iniziate ad impastare fino ad ottenere la tipica palla di frolla.
Coprite con pellicola trasparente e fate riposare in frigo per 15 minuti.
Spolverate il piano di lavoro con la Mix B e stendete l'impasto con il matterello fino ad arrivare ad uno spessore di circa 5 mm.
Tagliate i biscotti della forma che preferite e decorare con foglie di salvia, rosmarino ed erba cipollina premendo le erbe aromatiche sulla superficie della frolla con l'aiuto del matterello.
Infornate a 180° per 10 minuti.

Servite questi biscotti salati accompagnati da formaggi spalmabili: saranno un aperitivo PERFETTO!

Le erbe aromatiche
le puoi mangiare?

GRISSINI

SCOPERTA

CAP. 6

Il filo conduttore della mia vita è sempre stato il cibo.
Questo chiodo fisso potrebbe derivare dal fatto che, come ormai sapete, fin da piccola mi sono dovuta privare di tante cose: dovevo riempirmi gli occhi e non la pancia, dovevo immaginare i sapori e non goderli, dovevo osservare gli altri mangiare cose che per me rimanevano un'incognita di gusto.
Per chi è celiaco il rapporto con il cibo a volte diventa una relazione travagliata fatta di rinunce, ansie, voglie insoddisfatte e spesso anche rabbia.
Oggi abbiamo la fortuna di trovarci molto più raramente in queste situazioni spiacevoli perché le possibilità di trovare prodotti adatti a noi sono aumentate.
Fino ad una decina di anni fa era impossibile vedere interi scaffali di cibi senza glutine nei supermercati, i ristoratori preparati ad accogliere un cliente celiaco erano pochissimi e offrivano una ristretta scelta di piatti.
Oggi, e io stessa ne sono la dimostrazione, esistono sul nostro territorio diversi panifici e pasticcerie completamente gluten free.
Questi sono solo alcuni dei grandi passi avanti che sono stati fatti.
La prima volta che ho mangiato una pizza senza glutine fuori casa con impasto preparato dagli stessi pizzaioli e non con una base pronta portata dai miei genitori, la ricordo perfettamente.
Eravamo diretti in Puglia e avevamo deciso di fermarci per una notte a Pescara.
Ci fermiamo in hotel e dopo una doccia e un cambio di vestiti ci dirigiamo verso il centro per cenare al ristorante.
Troviamo una pizzeria che offre anche i tipici arrosticini e ci fermiamo.
Mio papà appena arriva il cameriere prende fiato e inizia a spiegare che sua figlia è celiaca e non può mangiare questo e quell'altro, bisogna stare attenti e che abbiamo portato una base per pizza senza glutine da condire con attenzione.
Tutto d'un fiato come un disco registrato.
Il cameriere sorride e risponde che nel menù sono indicati tutti i piatti senza glutine del ristorante e che ci sono anche le pizze preparate da loro in una cucina a parte. In più mi avrebbero portato dei loro grissini senza glutine.

CUCINA
PIZZE

Il silenzio e gli sguardi su di me.
Io che fino a quel momento non avevo mai alzato gli occhi mentre venivo messa al centro dell'attenzione, guardo mio papà incredula.
Ringraziamo e il cameriere sorridendo se ne va per poi tornare a prendere l'ordine.
Mi ripetono che posso mangiare la pizza che voglio, che mi basta scegliere da menù tra quelle con la spiga barrata.
Io non avevo mai visto in vita mia un menù con la scritta senza glutine e continuavo a fissare la pagina per imprimere quel momento nella mente: stavo per mangiare una pizza VERA!
Quando è arrivata al tavolo e me la sono finalmente trovata davanti non potevo crederci.
Non era il solito frisbee di impasto pronto da scaldare, minuscolo rispetto alle altre pizze e mai cotto del tutto. Era una pizza come le altre, posizionata su un piatto di diverso colore per evitare sbagli.
Io mi sono emozionata e ho pianto lacrime di gioia.
Da quel momento le cose sono cambiate anche nella mia zona e le pizzerie si sono attrezzate con forni elettrici a parte, corsi sugli impasti gluten free per i pizzaioli, formazione sulla celiachia per tutto il personale.
Bisogna sempre riflettere sul fatto che è sbagliato pretendere che in ogni luogo si possa preparare un pasto senza glutine: ci sono regole precise da rispettare per salvaguardare la nostra salute e non tutti i locali sono attrezzati per poterci soddisfare.
Io preferisco un ristoratore che mi dice che non può garantirmi la non contaminazione ad uno che, pur di avere un cliente in più, mi espone ad un rischio. Possiamo sperare che anche là dove l'unico pasto sicuro è un'insalata, ci sarà almeno del pane confezionato Gluten Free ad accompagnare il nostro piatto: questo è l'atteggiamento giusto e che spero si diffonda il più possibile.
Io continuo a pensare a quella sera a Pescara come all'inizio del cambiamento.
Ricordo quella pizza e quei grissini e come mi sono sentita bene mentre mangiavo tranquilla con la mia famiglia.
Sapori nuovi, magnifici e indelebili.
Secondo voi qual è stata una delle prime cose che ho preparato quando ho aperto "Valentina Gluten Free"? I grissini, ovviamente!

INGREDIENTI

(circa un centinaio di grissini)

- **500 gr di Mix B Schär**
- **400 ml di acqua**
- **un panetto (o mezzo panetto se avete più tempo) di lievito di birra fresco**
- **2 cucchiai di olio (più qualche ml per spennellare)**

PROCEDIMENTO

Sciogliete il lievito nell'acqua tiepida.
Versate la farina nella ciotola della planetaria con il gancio ad uncino e unite l'acqua con il lievito.
Azionate la planetaria e aggiungete i due cucchiai di olio.
Fate lavorare la planetaria per almeno 5 minuti, l'impasto deve risultare privo di grumi.
Rovesciate l'impasto in una ciotola con l'aiuto di una spatola e copritelo con pellicola trasparente.
Lasciate lievitare l'impasto per circa 2 ore in una zona tiepida della casa.
Dopo due ore circa la lievitazione sarà completa.
Spolverate il piano di lavoro con la Farina Mix B Schär e infarinatevi anche le mani in maniera da poter staccare dall'impasto nella ciotola delle palline senza che vi rimangano attaccate alle mani.
Lavorate ogni pallina sul piano infarinato facendola rotolare avanti e indietro per creare delle strisce di impasto di circa 1 cm di spessore.
Ripetete questo passaggio per tutto l'impasto sistemando via via i grissini su una teglia da forno.
Spennellate i grissini con dell'olio extravergine di oliva e buttate un pugno di sale grosso sulla teglia.
Infornate a 180° per 20 minuti.
Sfornate i grissini e fateli raffreddare.
Infornate di nuovo a 100° per 10 minuti, questa seconda cottura li renderà croccanti!

Conservare i grissini in una latta o in un barattolo di vetro, in questo modo rimarranno croccanti più a lungo

Secondo voi qual è stata una delle prime cose che ho preparato quando ho aperto "Valentina Gluten Free"?

Nel mio laboratorio, i grissini non mancano mai!

MADELEINE SALATE

CONTAMINAZIONI

CAP. 7

Quando ho aperto "Valentina Gluten Free" ho capito una cosa importante: non potevo più preparare solo cibi che piacevano a me ma dovevo cercare di soddisfare i gusti di tutti ed accontentare ogni esigenza.
Preparare cibi nuovi, distanti dal nostro gradimento è una sfida impegnativa.
Ad esempio io non sopporto l'abbinamento cioccolato e menta e ho scoperto essere invece la combinazione di gusti più richiesta per le torte.
Si scoprono i gusti altrui e si ridefiniscono i propri.
Non credevo nell'amore tra ananas e formaggio francese e mi sono dovuta ricredere: stanno così bene insieme che credo non dovrebbero mai lasciarsi.
Sperimentare è una parte fondamentale del mio lavoro ed è anche uno dei momenti che preferisco.
Cambio completamente l'assetto del laboratorio e inizio a lavorare come se stessi progettando chissà quale invenzione in grado di cambiare il mondo.
In realtà sto solo cercando di capire se la farina di Teff e quella di Sorgo necessitano della stessa idratazione e legano tra loro.
Mi immagino in un grande laboratorio circondata da scienziati e studiosi e in realtà sono da sola nel mio piccolo spazio con due banconi e un forno.
Le magie però nascono ovunque.
È magico anche un fiore che cresce nell'asfalto approfittando di un piccolo spiraglio di luce e aria.
Ecco, io sono quel piccolo fiore ottimista che rischia di essere schiacciato al suolo dalle ruote di una macchina ma ci prova lo stesso, credendo fortemente in sé stesso.
Tra un esperimento e l'altro mi capita spesso di trasformare quello che vedo, sento, ascolto e guardo in prodotti nuovi per il mio negozio.
Come ogni persona dalla natura creativa, le contaminazioni mi arrivano da tutti e 5 i sensi e soprattutto dalle cose che leggo o vedo.
Rubo con gli occhi e trasformo in sapori.
Una delle contaminazioni più presenti dell'ultimo periodo viene dalla Francia.

Jules et Jim
FRANCOIS TRUFFAUT

Ho guardato tantissime commedie francesi e letto storie di bohemien parigini scapigliati e scapestrati.
In ogni film e in ogni racconto ho sempre trovato la descrizione di almeno un pasto dei protagonisti e mi sono ricordata di Proust, letto ai tempi del liceo classico, che paragonava un tipico dolcetto da tè ad un mezzo per raggiungere l'estasi che apre la porta dei ricordi.
Quel tipico dolcetto erano le Madeleine.
Un bocconcino all'arancia e bergamotto, oppure alla vaniglia o con le gocce di cioccolato.
Le varianti sono infinite ma il suo segno di riconoscimento rimane immobile nel tempo: la forma che ricorda una conchiglia.
Tra un film francese, un libro con protagonisti parigini e la voglia di trasformare il tutto in un sapore ho messo nelle cuffie la canzone di Charles Trenet "La Mer" e ho preparato le Madeleine.
Le ho fatte in mille modi diversi, con tutto quello che avevo a disposizione in laboratorio e alla fine ho scelto le mie preferite.
La mia versione non ha nulla a che vedere con quelle da accompagnare al tè, ma si sposa perfettamente con le bevande da aperitivo.
Sono sicura che i miei amici immaginari francesi e scapigliati ne andrebbero pazzi.

INGREDIENTI
(30 petit Madeleine circa)

- **100 gr di farina di riso**
- **30 gr di Parmigiano grattugiato**
- **1/2 bustina di lievito in polvere istantaneo**
- **65 ml di olio extravergine di oliva**
- **2 uova**
- **un pizzico di sale**
- **pepe q.b.**
- **noce moscata q.b.**
- **2 zucchine grandi**

COSA SERVE

- **uno stampo per Madeleine**
- **una sac à poche**

PROCEDIMENTO

Tagliate le zucchine e mettetele in un mixer.
Frullatele fino ad ottenere pezzi molto piccoli.
Cuocete le zucchine in una padella con un pochino d'olio.
Aggiungete un pizzico di sale a metà cottura.
Lasciatele raffreddare e procedete con la preparazione dell'impasto.
In una ciotola mettete l'olio extravergine d'oliva e le uova e sbattete con una frusta, aggiungete poi la farina, il Parmigiano, il lievito in polvere, il sale, il pepe e la noce moscata.
Usate la frusta per ottenere un impasto liscio ed omogeneo.
Aggiungete le zucchine e mescolate nuovamente.
Mettete l'impasto nella sac à poche e tagliate la punta per avere un buco del diametro di circa 1 cm.
Riempite gli stampi da Madeleine senza esagerare con l'impasto perché cresceranno in cottura.
Infornate nel forno già caldo a 200° per 10 minuti e poi abbassate la temperatura a 180° e cuocete per altri 5 minuti.

Servite le Madeleine accompagnate dalla Creme Fraiche o con il tipico formaggio francese Bouche de Chevre per un aperitivo perfetto

2 zucchine grandi

GNOCCHI DI PATATE

COLORE

CAP. 8

Questa ricetta non nasce dal passato, ma dal presente.
Nasce dalla ricerca di colori e di piatti esteticamente appaganti.
Per quanto possa sembrare strano che una persona che ha fatto della cucina il proprio lavoro si rilassi tra i fornelli, per me è proprio così.
Il viaggio in macchina dal lavoro a casa per me è un momento tutto mio, in cui accompagnata dalla radio in sottofondo inizio a pensare a cosa cucinare per cena.
Faccio mentalmente la lista della spesa, creo abbinamenti, immagino consistenze e metto insieme quello che già mi aspetta nel frigo con quello che di lì a poco comprerò.
Fin da piccola sono sempre stata affascinata dai supermercati e ogni volta che mi trovo in un luogo nuovo una delle tappe irrinunciabili è proprio il market del posto.
Cammino tra gli scaffali alla ricerca di cose nuove, di marchi sconosciuti, di profumi e di idee.
Soprattutto fuori dall'Italia mi capita di perdermi tra le corsie e di uscire dalle casse con sacchetti pieni di cose senza glutine mai viste, mai provate prima.
Fare la spesa non mi agita, non mi mette pressione ma anzi mi rimette in sesto se ho avuto una giornata difficile e mi regala allegria se sono un po' giù.
Torniamo al presente.
Questa sera è una di quelle sere che i musicisti di una volta avrebbero definito "blue".
È una serata "blue", tra la malinconia e la stanchezza.
Il viaggio in macchina mi ha fatto pensare soltanto al fatto che ho voglia di un primo, un piatto che mi scaldi e rimetta in ordine i pensieri.
Cerco delle idee scandagliando a memoria i libri di ricette che sfoglio avidamente in negozio ogni mattina mentre aspetto che il pane esca dal forno, ripensando ai programmi televisivi di sfide tra i fornelli che guardo la sera, collegando sapori e consistenze con la sola forza del pensiero.

FRUTTA
MELANZANE STRIATE 3 € al Kg
PATATE VIOLA 4 € al Kg
CAVOLFIORE 1 € al Kg
PELATI

Raramente mi succede ma questa sera arrivo al supermercato confusa e senza la mia lista mentale pronta.
Un primo.
So soltanto che ho voglia di un primo piatto caldo.
Appena varcata la soglia però, tra le piante e la frutta, mi sento subito meglio.
La luce, le persone, i carrelli, i profumi, i colori.
L'idea arriverà, basta cercare senza fretta.
Passeggiare nelle corsie aspettando che qualcosa colpisca il mio sguardo.
La zona della frutta e della verdura è da sempre la mia preferita e quindi è quella in cui passo più tempo, osservando ogni prodotto con occhio critico e tastando consistenze come mi hanno insegnato persone esperte.
Asparagi, carciofi, arance, mele, mandarini, patate rosse e poi, inaspettate, loro: le patate viola.
Mi hanno sempre incuriosita: quella loro patina rustica che nasconde un cuore vivace ed elegante. Un colore vivo e forte capace di rendere particolare anche il piatto più semplice e tradizionale.
Via, nel carrello.
La lista mentale inizia a formarsi, le linee del piatto cominciano a definirsi.
Cerco qualcosa di povero, con pochi ingredienti e poche pretese, arricchito solo dal colore viola delle patate appena prese.
Passo davanti allo scaffale delle farine ed esploro con occhio esperto tutte le mie preferite: miglio, quinoa, teff, sorgo, grano saraceno e poi lei: la farina di ceci.
Ingrediente base della celeberrima "farinata" o "Cecina", non mi è ancora capitato di usarla per un mio piatto.
La afferro e la sistemo accanto alle patate.
Lì, in quel momento, la mia testa ricomincia finalmente a lavorare come al solito e a creare da due cose che sembrano distanti, l'abbinamento perfetto.
Un primo caldo, semplice, colorato, allegro.
Gli gnocchi. Farò gli gnocchi con le patate viola e la farina di ceci.
Corro alle casse più veloce del solito, saltando del tutto la zona dei formaggi (la seconda nella lista delle preferite) e quella dei detersivi (terza nella lista) e senza sacchetto, con patate e farina in braccio, salgo in macchina e guido verso casa con la spesa sul sedile del passeggero.
Alla radio una canzone blues, io canto stonata e sorrido.
Il blues chiude la giornata "blue".

INGREDIENTI
(4 porzioni abbondanti)

- **240 gr di patate viola**
- **380 gr di farina di ceci**
- **1 uovo**
- **farina di riso q.b. per spolverare il piano di lavoro**

PROCEDIMENTO

Lessate le patate viola e schiacciatele in una ciotola fino ad ottenere il peso esatto di 240 gr.
Aggiungete la farina di ceci e l'uovo e iniziate ad impastare. Quando avrete ottenuto un panetto di impasto liscio e compatto copritelo con pellicola trasparente e lasciatelo riposare in frigorifero per 10 minuti.
Preparate il piano di lavoro spolverando un po' di farina di riso.
L'aggiunta di farina di riso servirà ad asciugare l'impasto e a renderlo più lavorabile.
Staccate un pezzo di impasto grande come un pugno e iniziate a farlo rotolare sul piano creando dei filoncini dello spessore di circa 2 cm.
Tagliate il filoncino a pezzi di circa 2,5/3 cm e rigateli con una forchetta.
Ripetete questi passaggi per tutta la quantità di impasto.
Mettete una pentola con l'acqua sul fuoco e quando arriverà a bollore versate gli gnocchi.
Ci vorranno all'incirca 3/4 minuti per vederli venire a galla.
A quel punto saranno pronti per essere scolati.

Per gustare a pieno la particolarità delle patate condite gli gnocchi solo con burro e salvia

viola melanzana
malva
cipria
rosa tenue
240 gr di patate viola
farina di ceci
1 uovo
farina di riso

PANCARRÈ RUSTICO

PERSEVERANZA

CAP. 9

"Ce l'ho fatta!" ho pensato guardando dentro il forno.
"Questa volta ce l'ho fatta davvero! Incredibile! Il colore è giusto, la lievitazione perfetta, il profumo in laboratorio è quello che deve essere! Non ci credo! Ci sono riuscita!!"
"Mancano 3 minuti allo scoccare del timer... cosa può succedere in 3 minuti che rovini tutto? Niente, giusto? 3 minuti sono troppo pochi per rovinare il lavoro di mesi"
Continuo a fissare l'interno del forno per 180 lunghissimi secondi.
180 secondi che sembrano infiniti.
All'improvviso inizia quel "BIIIIP BIIIIP BIIIIP" fastidiosissimo che normalmente detesto ma che questa volta mi sembra il suono più bello del mondo.
Il suono della vittoria.
Nella mia testa la conversazione con me stessa è la seguente:
"Valentina adesso non fare sbagli!
Sforna delicatamente e aspetta!
Non avere fretta come al solito che poi combini dei disastri e piangi e hai buttato via un'altra giornata solo perché non sai aspettare!"
Sforno, non resisto alla tentazione e metto il dito sull'impasto.
Brucia, mi ustiono, trattengo il respiro ma sento che è MORBIDO!
"Ommioddio è morbido! È giusto!!!"
Mi lancio nel mio balletto della vittoria, saltello su e giù per il laboratorio (nel quale per fortuna sono sempre sola così nessuno può spaventarsi) e poi mi siedo davanti alla mia creazione.
Attendo altri 10 minuti e di nuovo mi sembrano un'eternità.
Giro la teglia sottosopra e finalmente vedo il risultato finale.
Mi emoziono.
Tanto.
Talmente tanto che mi luccicano gli occhi.

muffin alla tapioca
OGGI
PROMESSI SPOSI
HOTEL NEW HAMPSHIRE
JOHN IRVING
MASTERING THE ART of French Cooking
JULIA CHILD
LOUISETTE BERTHOLLE
SIMONE BECK
MATILDE
Roald Dahl

Taglio una fetta e inspiro.
Assaggio.
Chiudo gli occhi e non ci credo.
Io un pane così non l'ho mai mangiato! MAI!
Morbido, compatto il giusto, friabile ma non fragile, gustoso ma non invadente. Nessun sapore sovrasta gli altri, non si riconoscono le farine che ho usato, non c'è troppo sale né troppo poco.
Adesso piango proprio.
Io non ci speravo, davvero.
Ho sempre assaggiato pancarrè confezionati che sapevano di ammoniaca e pancarrè freschi che diventavano duri ancor prima di addentarli.
Pancarrè che si sbriciolavano tra le mani, con i quali per fare un sandwich dovevi fare la formica e ricompattare tutte le briciole.
Probabilmente arrivati a questo punto penserete che sono un po' matta ma io vi posso assicurare che addentando quel pane mi sono sentita felice come poche volte in vita mia.
Se essere matti significa saper godere di un morso di pane, allora sì: sono matta.
Sono matta e felice perché ho. passato mesi e mesi e mesi a studiare e il risultato ha superato ogni più rosea aspettativa.
Ho creato varie versioni del mio pancarrè, ho sperimentato ancora e ancora.
Ho tolto, ho aggiunto, ho cambiato dosi e percentuali e alla fine è nato un pane dal sapore rustico e avvolgente.
Un pane versatile da gustare sia con formaggi, verdure e salumi che con marmellate, miele e creme al cioccolato.
Questo pane ha un profumo tutto suo: profuma di gioia.

INGREDIENTI
(un pancarrè in teglia 25x11)

- **250 gr di farina di riso**
- **140 gr di farina di quinoa**
- **20 gr di farina di grano saraceno**
- **10 gr di fecola di patate**
- **350 ml di acqua tiepida**
- **10 gr di lievito di birra**
- **70 ml di olio di semi di girasole**
- **un pizzico di sale**

PROCEDIMENTO

Sciogliete il lievito nell'acqua tiepida.
Nella ciotola della planetaria inserite le farine, il pizzico di sale e versate l'acqua con il lievito.
Iniziate a far lavorare la planetaria con il gancio ad uncino.
Dopo qualche secondo aggiungete l'olio di semi di girasole.
Lasciate lavorare la planetaria per 5 minuti.
Con l'aiuto di una spatola versate l'impasto nello stampo da plumcake precedentemente unto.
Coprite con pellicola trasparente e lasciate lievitare l'impasto in una zona tiepida.
Dopo circa due ore la lievitazione sarà completa.
Scaldate il forno a 180° e poi infornate il pancarrè per 35 minuti.
Sfornate e lasciate raffreddare prima di toglierlo dalla teglia.

Conservare il pancarrè coprendolo con la pellicola trasparente ogni volta che lo tagliate. In questo modo durerà fino a 3 giorni

Non far volare la farina sul soffitto

CRACKERS ALL'ACQUA SALATA

CAP. 10

Era maggio.
Un maggio che profumava già d'estate.
Giornate calde e serene, la voglia di stare all'aria aperta e di godere l'arrivo della sera, con gli amici di una vita che raccontano sempre le stesse storie.
Quelle che anche se le hai vissute e le hai sentite almeno cento volte, non ti stancherai mai di riascoltare, ridendone sempre come fosse la prima.
Maggio è sempre stato il mio mese preferito, quello in cui posso liberarmi dei cappotti, dei cappelli e delle sciarpe.
Posso iniziare a sentire l'aria fresca sulle gambe finalmente scoperte e dire addio alle maniche lunghe. La pelle respira e io insieme a lei.
A maggio rinasco.
Guardo il mare e me ne innamoro sempre di più.
Tra poco quelle spiagge saranno invase da turisti, per adesso siamo io e lui.
Io che corro sulla battigia bagnandomi i piedi nell'acqua gelida, ringraziando il fatto di vivere così vicino a ciò che mi appartiene.
L'acqua, il sale, la sabbia, gli scogli, l'orizzonte di acqua e cielo che si fondono alla perfezione. Appartengo a questo.
Appartengo alle onde rabbiose che d'inverno si mangiano la spiaggia e appartengo alla calma di quello specchio d'acqua che nelle giornate senza vento accarezza l'anima, rimette in ordine i pensieri e regala energia rinnovata.
I bagni sul lungomare iniziano la loro preparazione per la stagione, i bagnini cominciano a studiare la loro postazione e a mettere in ordine il loro regno.
Tutto si svolge nel silenzio, nel rispetto di questo mare che può dare vita ma anche toglierla.
Tutto nasce dall'acqua e tutto nell'acqua può trovare la sua fine.
Ragionando su questa linea, camminando tra acqua e sabbia, ho avuto un'idea.
Volevo riportare quel sapore, quel profumo di sale, in un piatto ideale per le sere estive.
Ma come si fa a mettere il mare in un piatto?

Maggio 2017 – Quando rubai un barattolo di acqua salata

Con il pesce è troppo semplice. Lui viene dal mare, sai che difficoltà.
Volevo mettere il mare in qualcosa che non gli appartenesse.
Acqua di mare, sale, aria fresca, sabbia che scricchiola sotto ai piedi, sassolini neri, beige, bianchi, pezzettini di conchiglie.
Ecco!
Crackers all'acqua salata!
Lo so, la mia mente funziona in modo strano, ma quella passeggiata serale a piedi nudi mi ha fatto pensare ai crackers.
Ricreare la leggerezza e la delicatezza di una camminata sulla riva.
Quando mi vengono in mente queste idee devo subito metterle in pratica, devo creare cullata dall'onda dell'entusiasmo.
Le cose vengono meglio se le mani sono guidate dalla spinta dell'emozione, se sulla pelle c'è ancora il brivido della novità.
Sono corsa a casa e senza nemmeno togliermi il sale dalle mani e dalle gambe ho tirato giù dalla dispensa tutti gli ingredienti.
Ho impastato sorridendo e tenendo ben ferma nella mente l'immagine del tramonto di poco prima.
Ho tolto le scarpe per sentire ancora il fresco.
Ho infornato asciugandomi la fronte ancora impregnata di aria salmastra.
Sarei riuscita a mettere il mare in quei crackers, lo sentivo nell'aria.
Esaltata per il risultato ho chiamato un po' di amici e li ho invitati a cena.
Non potevo godermeli da sola quei bocconi di mare, dovevo condividerli.
Ho allestito la tavola, cucinato delle salsine fresche da accompagnare ai crackers e una pasta fredda per inaugurare ufficialmente l'inizio della stagione estiva.
Ammetto di non essermi impegnata molto sulla portata principale, ma mi importava soltanto di vedere la risposta a quello che per me era il vero piatto forte, al resto non badavo.
Sapete qual è stato il risultato?
Crackers divorati, letteralmente spariti dopo nemmeno 10 minuti.
Nessuno si è accorto che erano senza glutine.
Tutti che li sgranocchiavano e raccontavano le stesse storie, per la centunesima volta e tutti che ridevano, sempre come fosse la prima.
Quella sera abbiamo fatto il bagno al mare di notte, prima che la spiaggia diventasse di tutti. Quella sera il mare era ancora solo nostro.

INGREDIENTI
(30/40 crackers)

- **270 gr di farina di riso**
- **30 gr di farina di grano saraceno**
- **300 ml di acqua**
- **15 gr di sale**
- **olio extravergine d'oliva per spennellare**

SONO PERFETTE!

PROCEDIMENTO

Mettete l'acqua con il sale in un pentolino sul fuoco ed attendete che inizi a bollire e che il sale si sciolga.
Versate le farine e mescolate energicamente con una spatola per gelificarle.
Rovesciate il tutto sul piano di lavoro e fate raffreddare per circa 3 minuti.
Quando l'impasto sarà ancora caldo ma non bollente lavoratelo a mano fino ad ottenere un panetto liscio e compatto.
Copritelo con pellicola e mettetelo a riposare in frigo per 15 minuti.
Preparate il piano di lavoro spolverando un po' di farina di riso e iniziate a lavorare un pezzo di impasto per volta.
Stendete l'impasto con il matterello fino ad uno spessore di circa 2 mm stando attenti a non farlo attaccare al piano quindi girandolo spesso e aggiungendo spesso farina di riso.
Tagliate dei rettangoli della misura di 12 cm di lunghezza x 3 cm di larghezza con un coltello oppure con un tagliapasta da ravioli.
Sistemate i crackers su una teglia coperta di carta forno.
Ripetete i passaggi fino a finire l'impasto.
Spennellate tutti i crackers con l'olio extravergine di oliva ed infornate a 200° per 10 minuti controllando che siano ben dorati.

Servite i crackers accompagnati da salse fatte in casa.
La salsa guacamole e la salsa allo yogurt

Non esagerare con il sale

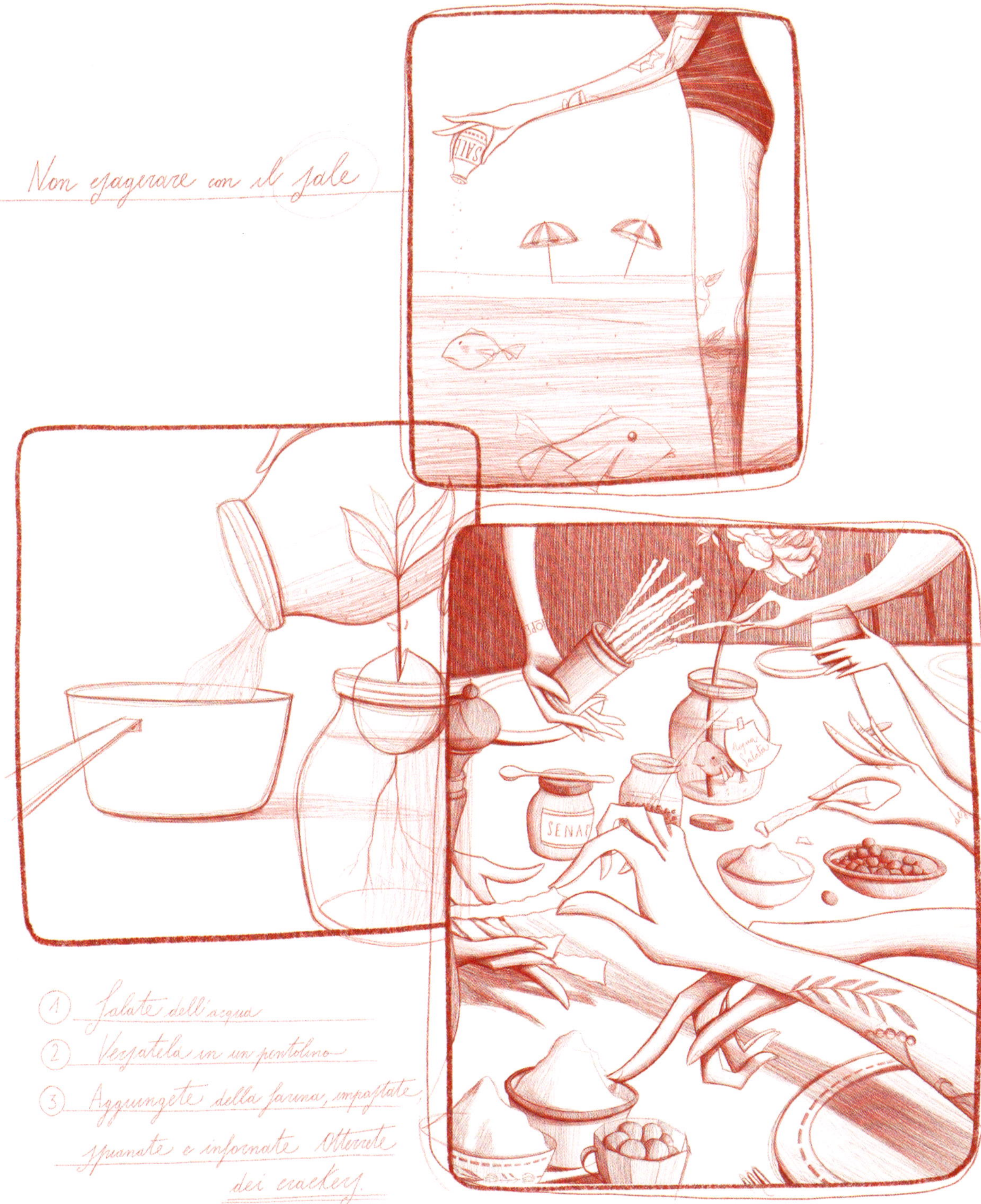

1. Salate dell'acqua
2. Versatela in un pentolino
3. Aggiungete della farina, impastate, spianate e infornate. Otterrete dei crackers.

Prima cena estiva

TORTA DI CAROTE E ARANCE

PROFUMI

CAP. 11

C'è stato un momento, nella mia vita da celiaca, in cui non riuscivo più a mangiare dolci confezionati. Probabilmente perchè negli anni precedenti erano stati gli unici esistenti e facilmente reperibili, oppure perchè ormai li avevo assaggiati tutti e non mi ispiravano più, o forse, semplicemente, qualcosa dentro di me stava cambiando. Da adolescente avevo osato cimentarmi nella preparazione di alimenti senza glutine solo poche volte e soprattutto per me stessa, cucinavo per gli amici, preparavo dolci, infornavo biscotti. Ma sempre e solo con glutine.
Avevo paura.
Una paura folle di sbagliare.
Avevo paura di preparare qualcosa per me, di impegnarmi, e di odiare il risultato. Il terrorismo psicologico che mi veniva fatto attorno non aiutava: "lavorare farine gluten free è impossibile", "non lieviterà mai", "attenta al sapore, rischi di mangiare qualcosa di simile al cartone". Insomma, come spesso accadeva nella mia vita, la paura di sbagliare mi impediva di giocare.
La rivoluzione è iniziata un giorno di Febbraio, freddo glaciale in giro e un appuntamento con un'amica in un bar per bere un té. Tra una chiacchiera e l'altra a lei viene fame e chiede alla cameriera una fetta di torta alle carote. Guardavo arrivare al tavolo quella torta come un oggetto proveniente da un altro pianeta, come si guarda qualcosa che si è sentito nominare ma che non si è mai visto. In quel momento ho pensato che io non avevo mai assaggiato in tutta la mia vita un dolce con le carote. In generale, non avevo mai potuto assaggiare un dolce preparato in una pasticceria. La cosa mi lasciò un po' perplessa. La torta di carote che sapore avrà? Nella mia testa si materializzò subito l'immagine di un adorabile coniglietto con una carotina tra le zampe, seguita a ruota dall'immagine di una ricca insalata in cui le carote troneggiavano tagliate a spicchi grossi e rustici. In pratica, niente dolci con carote. Sono tornata a casa con questo tarlo in testa, volevo assolutamente sapere che sapore mi stavo perdendo. Arrivata sotto il portone, con già le

Febbraio 2008

chiavi in mano, ho guardato l'ora e realizzato che la verduraia era ancora aperta e che se mi fossi sbrigata sarei potuta tornare a casa con un ricco bottino. Dieci minuti dopo sistemavo sul tavolo mezzo chilo di carote e una decina di arance. Quel giorno di febbraio, ancora con il naso rosso dal gelo e con indosso il mio maglione preferito con le renne ho infornato la mia prima torta senza glutine. L'attesa è stata snervante, anche i miei gatti percepivano l'agitazione e giravano intorno al forno come se contenesse decine di scatolette pronte per essere divorate. Io seduta per terra a guardare dentro il forno e loro che mi calpestavano come fossi parte del pavimento. La testa vuota e piena allo stesso tempo, palpabile agitazione e sacrale silenzio. Circa un'ora dopo arrivò il momento di sfornare, la casa era invasa da un profumo persistente, profumo di novità e di rivoluzione. Tirando fuori la torta le mani tremavano, l'avrei addentata lì sul momento da tanto che la curiosità mi stava divorando. Ho avuto pazienza, ho aspettato che arrivasse ad avere la giusta temperatura e alla fine, dopo averla osservata e studiata nei dettagli, ho affondato la forchetta al centro della torta.
Dolce, fresco, acidulo, delicato, semplice, sincero.
Quel primo boccone io non lo scorderó mai. Vi regalo la ricetta della torta alle carote e arance: il mio primo amore senza glutine.

INGREDIENTI

(stampo per ciambellone da 26 cm)

- **300 gr di carote (pelate)**
- **250 gr di zucchero**
- **155 ml di olio di semi di girasole**
- **3 uova**
- **200 ml di latte di riso**
- **100 ml di succo di arance spremute**
- **350 gr di Mix C Schär**
- **3 cucchiaini di bicarbonato**
- **cannella a piacere**

PROCEDIMENTO

Per prima cosa pelate le carote e tritatele in un mixer.
Lasciatele da parte mentre preparate l'impasto della torta.
In una ciotola mettete lo zucchero, l'olio e le uova e mescolate con una frusta finché le uova non saranno amalgamate.
Aggiungete il latte di riso e il succo d'arancia e mescolate ancora.
Unite la farina e il bicarbonato e mescolate fino ad ottenere un impasto senza grumi.
A questo punto è arrivato il momento di aggiungere le carote e la cannella.
Mescolate con la frusta e poi versate il tutto in uno stampo da ciambellone di 26 cm di diametro.
Infornate a 170° per 40 minuti.
Allo scadere dei 40 minuti infilate uno stecchino di legno nella torta, se quando lo toglierete la punta sarà asciutta vorrà dire che la torta è pronta per essere sfornata.

Servite la torta di carote e arance accompagnata da una pallina di gelato alla vaniglia oppure da un cucchiaio di crema al mascarpone

300 gr di carote

250 gr di zucchero

3 uova

100 gr di succo di ar

MUFFINS ALLA TAPIOCA

EDUCARE

CAP. 12

Sulle frasi assurde che ogni celiaco si sente rivolgere quando si parla di celiachia si potrebbe scrivere un'enciclopedia.
L'enciclopedia delle cose che non vogliamo più sentirci chiedere o dire.
Ve ne scrivo solo alcune prese dalla mia diretta esperienza oppure da racconti che mi sono stati fatti da clienti e amici.
Partiamo con la più gettonata:
"Sei celiaca? Mi dispiace! Io non potrei mai vivere senza pane e pasta!"
La possibilità che esistano delle alternative senza glutine non viene nemmeno presa in considerazione.
"Ora capisco perché sei magra! I cibi senza glutine sono più leggeri!"
Non so dirvi quanto tempo io abbia speso negli anni in spiegazioni, in piccole lezioni sui valori nutrizionali, specificando la differenza tra prodotti confezionati e freschi ed esibendomi in teatrini degni di un'attrice affermata pur di spiegare che il mio peso non aveva niente a che vedere con la celiachia.
"Ma se mangio le tue cose mi si attacca la celiachia?"
"L'acqua la puoi bere?"
"Nella frutta c'è il glutine quindi la macedonia per te non l'ho fatta"
"Ma se ti tirano un sacco di farina sul viso rischi di morire?"
"Secondo me guarirai, è solo una cosa momentanea"
"Anche mia cugina è CILIACA ma non si sente male quindi la pizza la mangia"
"Se ci pensi è una fortuna: mangi sempre poco e resti in forma"
"Ti ho preso la pasta di Kamut così non rischi di star male"
"La celiachia! Certo che so di cosa si tratta! È l'allergia ai lamponi "
Livello di ignoranza altissimo, non credo serva aggiungere altro o argomentare questo concentrato di assurdità.
Passiamo alle frasi di chi cerca di consolarti oppure vuole dimostrare di saperne abbastanza sulla celiachia:
"Io la pizza senza glutine l'ho mangiata e secondo me è più buona di quella NORMALE".

ARANCIA
MA TU, LA PUOI MANGIARE LA MACEDONIA?

La parola “normale” riferita ai cibi con il glutine mi ha sempre infastidita, apprezzo molto chi ragiona e li definisce cibi “tradizionali”.
Continuiamo.
“Vado nell’altra stanza a mangiare così non ti faccio un dispiacere”
“Se diventassi celiaca non sarebbe un problema, mangerei solo riso e il riso è molto buono”
“Secondo me non sei celiaca veramente, è una tua fissazione”
Su questa frase i miei nervi, solitamente saldi, saltano e divento una furia.
Non riesco a darmi pace finché la persona davanti a me non capisce quello che ha appena detto e si scusa in tutte le lingue che conosce.
C’è solo un’altra frase che è capace di farmi annebbiare la vista e perdere il controllo ed è purtroppo quella che ho sentito più spesso in assoluto.
Di solito questa frase mi viene detta al momento della prenotazione in un nuovo ristorante: chiamo per essere sicura che ci sia posto ma soprattutto per sapere se ci saranno opzioni senza glutine.
“Buonasera, ho letto su internet che preparate anche piatti senza glutine. Io sono celiaca e volevo esserne certa prima di prenotare.”
“Sì Signorina, abbiamo tutto. Ovviamente dipende dal suo grado di celiachia, in cucina la farina vola ovunque.”
Ecco. Io su queste affermazioni impazzisco.
Non riesco ad accettare una cosa simile e non scuso né l’ignoranza né la superficialità di tutto questo.
NON ESISTONO GRADI DI CELIACHIA.
NON SI DICHIARA DI POTER OFFRIRE PASTI AI CELIACI SE IN REALTÀ L’AMBIENTE È CONTAMINATO.
Coprirsi le spalle chiedendo ai clienti il “grado” di celiachia non è accettabile.
Questa è l’unica cosa che ancora adesso, dopo 31 anni di celiachia, non riesco ad affrontare con il sorriso e con la dovuta calma.
Sapete come si combatte l’ignoranza? Educando.
Educando le persone disinformate che incontriamo ed incontreremo avremo fatto un grande passo avanti per migliorare la nostra vita di celiaci.
Quindi ogni volta che vi sentirete dire una delle frasi che ho appena elencato, spiegate cos’è la celiachia anche a chi non vuol sentire.
Ho bisogno di un dolce per calmarmi.

INGREDIENTI
(10 muffins circa)

- 150 gr di farina di riso
- 130 gr di farina di tapioca
- 20 gr di amido di riso
- 300 ml di latte di riso
- 150 gr di zucchero bianco
- 2 uova
- 1 bustina di lievito in polvere istantaneo
- 125 gr di lamponi freschi

PROCEDIMENTO

In una ciotola versate prima il latte e le uova e iniziate a mescolare con una frusta.
Aggiungete lo zucchero e mescolate ancora.
Aggiungete ora gli ingredienti secchi: farina di riso, farina di tapioca, amido di riso e lievito in polvere.
Usate la frusta per creare un impasto liscio e senza grumi.
Aggiungete i lamponi freschi e mescolate ancora.
Versate l'impasto nei pirottini da muffins e infornate a 170° per 20 minuti.

Servite i muffin appena sfornati per poter apprezzare il profumo dei lamponi cotti nell'impasto. Insieme al cioccolato fuso sono una delizia!

150 gr di farina di riso

130 gr di farina di tapioca

20/30 gr di amido di riso

la celiachia è l'allergia ai lamponi?

BISCOTTI DELLA SELVAGGIA CITTADINA

CRESCITA

CAP. 13

Fin da piccola ho sempre odiato stare in casa, sentivo la necessità fisica di mettere il naso fuori di casa anche solo per mezz'ora.
Non parliamo poi di quando ero costretta tra quattro mura a causa di raffreddori o influenza: una tortura!
Sono cresciuta sui colli della mia città, in una zona tranquilla dove tutti si conoscono e gli anziani sono tutti nonni e i bambini tutti amici.
Uscivo di casa subito dopo pranzo e tornavo con il buio.
La strada chiusa sotto la nostra abitazione permetteva a me e ai miei amici di organizzare corse in bicicletta, gare sui pattini e tornei di nascondino. Una pacchia.
Crescendo il mio passatempo preferito era diventato percorrere senza sosta sui pattini la via da cima a fondo con le cuffie nelle orecchie e il disco degli idoli pop del momento nel lettore cd.
Ogni saltello che facevo saltava anche la canzone ma io ero felice lo stesso e immaginavo di pattinare davanti a centinaia di persone mentre mi esibivo sulle note della mia canzone preferita, aggraziata ed elegante.
In verità tornavo sempre a casa piena di graffi, sporca e sudata, tutt'altro che aggraziata.
Abbandonata la vita sui colli mi sono trasferita in centro città e la vita da bambina selvaggia all'inizio mi mancava molto.
La mia giornata di corse, salti, cadute e sbucciature si era trasformata in una più tranquilla giornata di passeggiate lungo la via principale illuminata dalle insegne dei negozi e non più dai vecchi lampioni che regalavano alla strada una luce color oro.
Crescevo e aumentavano anche le mie responsabilità: compiti, allenamenti, piccoli doveri di casa.
Il tempo per bighellonare all'aria aperta era diminuito e allo stesso tempo avevo perso interesse per le passeggiate in centro. Se non potevo avere gli alberi, il ghiaino, i pattini e la bicicletta allora non valeva la pena di uscire.

La mia merenda preferita

Facevo i compiti in cucina con la televisione accesa a farmi compagnia, rigorosamente su canali musicali.
Quella nuova tranquillità alla fine aveva cominciato a piacermi, dedicavo più tempo allo studio e mi sentivo più grande e matura.
Se prima non sentivo la fame mentre correvo su e giù per la via con i miei amici, in quel periodo di evoluzione e crescita iniziavo anche a sentire il bisogno di fare merenda per staccare dai libri e poi riprendere con più energia.
Questi biscotti nascono proprio da quei pomeriggi.
Una me che si sentiva più grande e che per dimostrarlo a sé stessa si era messa ad impastare dei biscotti facendo arrivare la farina anche sul soffitto.
Il risultato non era stato eccezionale la prima volta, anzi.
Ma l'idea di essermi preparata la merenda da sola mi aveva elettrizzata a tal punto che decisi che avrei provato ogni giorno a cucinarmi qualcosa di diverso.
In realtà la mia decisione durò poco perché mi fermai ai biscotti: mi piacevano tantissimo e preparare altri dolci mi terrorizzava.
I biscotti rimasero la mia merenda preferita per parecchi anni: soprattutto in questa versione ripiena e gustosa.
La cosa divertente era che anche gli amici con cui ogni tanto facevo i compiti preferivano i miei biscotti a quelli tradizionali con il glutine e io dividevo la mia creazione orgogliosissima di aver fatto mangiare senza glutine anche chi non doveva farlo per forza.
Mamme, nonne e zie, parlo a voi: preparate biscotti senza glutine ripieni di crema alle nocciole o marmellata per i vostri figli e nipoti e per i loro piccoli amici. Vederli mangiare tutti insieme qualcosa di fresco e fatto a mano sarà una gioia per voi e una vittoria per il celiaco o la celiaca di casa.

INGREDIENTI
(15 biscotti farciti circa)

- **195 gr di Mix C Schär**
- **80 gr di zucchero bianco**
- **80 gr di burro**
- **1 uovo**
- **1 cucchiaino di estratto di vaniglia**

- **Per la farcitura: scegliete seguendo il vostro gusto tra marmellate, confetture, creme spalmabili.**

PROCEDIMENTO

Sciogliete il burro e unitelo allo zucchero e all'estratto di vaniglia all'interno di una ciotola.
Mescolate velocemente con un cucchiaio e poi aggiungete la farina.
Impastate a mano fino ad ottenere un effetto sabbioso.
Aggiungete l'uovo ed impastate fino ad ottenere la classica palla di frolla.
Avvolgete l'impasto nella pellicola trasparente e lasciate riposare almeno 30 minuti in frigorifero.
Spolverate il piano di lavoro con un po' di Mix C Schär e iniziate a stendere una parte di impasto con l'aiuto del matterello.
Muovete spesso l'impasto in modo che non si attacchi al piano di lavoro.
Lavorate l'impasto con il matterello fino a raggiungere uno spessore di circa 5 mm.
Con degli stampi da biscotto, tagliate la frolla e sistemate i biscotti in una teglia coperta di carta forno.
Ricordate che ogni biscotto finale sarà composto da due parti unite dalla farcitura quindi calcolate sempre un numero pari di biscotti.
Infornate a 180° per 10 minuti.
Quando i biscotti si saranno raffreddati potrete iniziare a farcirli.
Prendete un biscotto che farà da base, spalmate sulla sua superficie la farcitura che avete scelto e chiudete con un altro biscotto.

Per rendere i vostri biscotti ancora più gustosi abbondate con la farcitura e passate il biscotto nella granella di pistacchi o di nocciole.

CREMA DI
NOC
URRO
500 g.
A

“PATACCHIA”

BOROTALCO

CAP. 14

Sono cresciuta passando tanto tempo con i nonni.
Figlia di genitori che hanno sempre lavorato, ho vissuto casa dei nonni come fosse la mia.
Potrei disegnare ogni angolo di quella casa, ne ho un ricordo vivido e coloratissimo.
Il profumo dei fiori freschi sul balcone, le note dolci dell'essenza di rosa nei cassetti e tra le pieghe del collo della nonna Rosy, la nonna Tina, che è la regina del riso al pomodoro, il nonno Paolo sempre immerso nella lettura di un giornale o di un libro giallo.
La sua fronte corrucciata e il mento un po' sporgente.
Veniva a prendermi a scuola con il suo cappellino con la visiera, i gilet sportivi e la camicia a quadretti.
Il nonno ha sempre avuto il ruolo di quello un po' "orso", poco avvezzo ai gesti d'affetto e alle parole dolci.
In realtà ho scoperto crescendo quanto nella sua durezza si nascondesse un cuore d'oro, un'immensa pazienza e un'infinita generosità.
Prima che l'emozione prenda il sopravvento torniamo a quei pomeriggi passati in casa, sul tavolo della cucina a fare i compiti o sdraiata per terra come una selvaggia a guardare i cartoni a testa in giù.
La celiachia è entrata prepotentemente nella mia vita in un momento storico in cui non era un argomento conosciuto e i genitori e i nonni dovevano imparare passo passo come comportarsi.
Si scopriva lentamente cosa fosse concesso e cosa no, si indagava lentamente sulla contaminazione e, come ho già detto, c'era pochissimo disponibile in commercio.
La farina del tempo era paragonabile al borotalco.
Provavi ad impastare e ti ritrovavi con pezzettini di impasto sparsi ovunque che non ne volevano sapere di stare insieme.
La nonna era bravissima a fare dolci, nel forno c'era sempre qualcosa che

casa dei nonni — Potrei disegnare ogni angolo di quella casa.

lievitava, cuoceva, riposava.
Immaginate una nonna che scopre di non riuscire a preparare un dolce per la nipotina: un disastro familiare!
Prove su prove su prove che finivano tutte nel cestino perché immangiabili.
Quella farina borotalco era un incubo per lei.
Io mi accontentavo dei biscotti confezionati e sognavo le merende che facevano i miei amici a casa loro.
Quante volte mi era capitato di andare a fare i compiti da un'amica e verso le quattro del pomeriggio veder comparire sul tavolo fette biscottate con marmellata, fette di torta al cioccolato, crostate alla frutta e mille altre dolcezze di cui io mi riempivo solo gli occhi e mai la pancia.
Avevo sempre con me i miei biscottini secchi confezionati, ma ovviamente li mangiavo con spalmato sopra un velo di tristezza.
Un giorno il nonno mi venne a prendere a scuola e appena arrivati a casa notai uno strano movimento nella zona della cucina.
Un'aria densa di tensione avvolgeva i fornelli.
La nonna e la zia che nemmeno si girarono per salutarmi: stranissimo.
Io, un po' scocciata da quell'atteggiamento insolito, tornai in salotto dal nonno e mi sistemai sul divano accanto a lui, che già aveva gli occhiali sul naso e la testa immersa in un libro.
Non era giornata di grandi conversazioni evidentemente.
Accesi la televisione per godermi la mia mezz'oretta di cartoni animati prima di iniziare a fare il mio dovere di studentessa.
Probabilmente la mattinata a scuola era stata particolarmente intensa perché dopo 10 minuti già dormivo profondamente e accanto a me il nonno russava, quindi nemmeno il suo libro doveva essere molto interessante.
Stavo sognando di essere in un bar, il profumo della cioccolata calda e una torta bellissima sul tavolo di fronte a me. Il profumo era così forte che mi sembrava di vivere dentro a quella torta, di nuotare nella cioccolata calda.
"Vale! Svegliati!
"Vale sono la Patacchia! Sveglia!"
Spalancai gli occhi e mi trovai sotto il naso una cosa bianca informe, piegata su sé stessa e con il centro gonfissimo: una collina strapiena di cioccolato!
Davanti a me la nonna e la zia che mi guardavano con gli occhi pieni di gioia e

125 Gr.

aspettativa, fissandomi in attesa di una mia parola.
Un po' rintontita le guardai e capii che dovevo assaggiare quella pietanza strana.
Non mi azzardai a dire nulla e afferrai la forchetta che avevano già messo nel piatto.
Tagliare, inforcare e assaggiare.
Spalancai gli occhi.
"Ma è buonissima!!"
Le donne di casa mi guardarono felici e iniziarono a esultare come se avessero vinto un premio ad una gara di cucina internazionale, io le lasciai fare e divorai "quella cosa buonissima".
"Come si chiama questo dolce?"
"Patacchia!"
"Patacchia? Cosa vuol dire?"
"Vuol dire che non è bella ma che è buonissima"
"Ok, me la fate anche domani?"
"Certo!"
Tornarono in cucina con il piatto pulito, soddisfatte di aver finalmente dominato quella farina borotalco.
Io e il nonno continuammo nei nostri impegni quotidiani di studio, letture e dormite sul divano che da quel momento in poi, nei giorni seguenti, vennero sempre interrotte dal momento della "patacchia".
Sorrideva anche lui quando mi vedeva mangiare di gusto quella cosa informe piena di cioccolato. Era felice di vedere sua nipote gustare un dolce fatto in casa come tutti gli altri bambini.
Ho mangiato "patacchie" per tutti gli anni della scuola elementare.
Ho preparato "patacchie" per gli amici quando in casa avevo pochi ingredienti e volevo stupirli con un dolce improvvisato.
Ho affinato la ricetta e l'ho resa anche bella oltre che buonissima.
Valentina è cresciuta e prepara dolci dominando la farina borotalco.
La "patacchia" è cresciuta e si è trasformata in pancake belli e buonissimi.

Era felice di vedere sua nipote gustare
un dolce fatto in casa come tutti
gli altri bambini.

INGREDIENTI
(15 pancake circa)

- **140 gr di farina di riso**
- **20 gr di farina di grano saraceno**
- **20 gr di fecola di patate**
- **15 gr di amido di mais**
- **100 ml di latte**
- **80 gr di zucchero bianco**
- **2 uova**
- **una bustina di lievito in polvere istantaneo**
- **una noce di burro**

- **Per decorare: frutta fresca, sciroppo d'acero, zucchero a velo.**

PROCEDIMENTO

In una ciotola mettete prima il latte, le uova e lo zucchero e mescolate con una frusta.
Aggiungete poi le farine, l'amido di mais, la fecola e il lievito.
Mescolate fino ad ottenere un impasto liscio e senza grumi.
Mettete una padella antiaderente sul fuoco e fate sciogliere il burro.
Quando il burro sarà sciolto iniziate a versare l'impasto.
Più ne verserete e più grandi verranno i pancake.
Lasciate cuocere circa 3 minuti e quando vedrete comparire tante bollicine sulla superficie girateli e cuocete per pochi secondi il lato ancora crudo.
Sistemate via via quelli cotti su un piatto creando la tipica torre.
Decorate i vostri pancake come preferite oppure seguendo la versione tradizionale che prevede sciroppo d'acero, frutti di bosco e zucchero a velo.

Conservare il pancarrè coprendolo con la pellicola trasparente ogni volta che lo tagliate. In questo modo durerà fino a 3 giorni

125 Gr

BISCOTTI CON COCCO E MANDORLE

PERCORSO

CAP. 15

Spesso mi viene chiesto come mai ho deciso di aprire una pasticceria/ panificio senza glutine.
È la domanda più quotata insieme a "come fai a fare tutto da sola?".
Le risposte vanno a braccetto, sono indissolubili.
Ho scelto di aprire "Valentina Glutine Free" perché ho sentito che era arrivato il momento di lanciarsi in qualcosa che per me era, ed è, importante.
Ho iniziato ad immaginarmi in un luogo tutto mio tantissimo tempo fa, quando ancora non sapevo se quel posto sarebbe stato pieno di vestiti, di fotografie o di cibo.
Il percorso per arrivare a definire la mia strada, il mio talento, non è stata semplice e diritta.
É stata una salita tortuosa e piena di interruzioni brusche.
Ho fatto il liceo classico sognando un futuro da giornalista, ho fatto l'università sperando di ritagliarmi uno spazio nel panorama della politica internazionale, ho imparato a cucire immaginando un piccolo atelier di abiti fatti su misura, ho preso in mano una macchina fotografica scattando ritratti di donne creando nella mia testa una carriera di riconoscimenti e mostre in giro per l'Italia.
Sogno in grande, sogno tanto.
La realtà è che non sono mai stata eccellente in nessuna di queste cose, non avevo quel qualcosa in più che mi faceva sperare in un futuro costruito su una di queste passioni.
Continuavo a scrivere, cucire e fotografare, ma solo per riempire il tempo libero di cose che mi appassionavano.
Quella che posso invece definire una costante della mia vita è proprio la cucina.
Sono una buona forchetta, visualizzo la cucina come un luogo sicuro e provo felicità nel preparare piatti per amici e parenti.
Avrei dovuto capire tanto tempo fa che questi erano tutti segnali luminosi che mi indicavano la strada giusta per me, invece l'ho capito solo quando non potevo fare altrimenti.

ZUCCHERO
A

C'è stato un momento esatto in cui ogni vecchia strada non era più percorribile e ne rimaneva solo una, nuova, mai battuta e mai nemmeno immaginata.
Sono stata una cameriera, una lavapiatti, un'addetta alla cucina, una banconiera, una pasticcera nei locali di altri e mai avrei immaginato che la via giusta per me sarebbe stata fare tutte queste cose insieme in un posto mio.
Ho capito che l'unica cosa che mi rimetteva in pace con il mondo, che mi faceva stare bene, che mi riempiva il cuore di gratitudine, era preparare da mangiare per gli altri.
Ho rivisto me stessa piccolina con gli occhi pieni di gioia quando la mamma mi sfornava le prime focacce e ho capito che volevo anch'io riempire gli occhi dei bambini di felicità e vederli sorridere di fronte ad un dolce, a dei grissini, ad una torta creata per loro.
Ho scelto di aprire "Valentina Gluten Free" per donare sorrisi e tranquillità a chiunque varcasse la soglia del mio negozio.
Un'isola sicura per chi quando mangia fuori casa non è mai tranquillo.
Fare tutto da sola fa parte di questo processo: controllo ogni cosa a partire dalla spesa fino ad arrivare alla vendita.
Ogni singolo biscotto è fatto con cura e attenzione, dagli ingredienti di base fino al sacchetto compostabile che lo conterrà.
Solo così posso essere certa di offrire ai miei clienti un prodotto che contiene sicurezza e cuore.
Ho aperto "Valentina Gluten Free" due anni e mezzo fa e raccolgo sorrisi, storie e gratitudine ogni giorno.
É la mia strada quella di impastare e donare amore attraverso il cibo.
Non sarei mai arrivata qui se non avessi fatto pezzi di tutte le altre strade: ogni passo, ogni caduta, ogni tentativo mi ha insegnato qualcosa ed è stato necessario alla creazione del mio lavoro e della mia persona.
Nessun percorso è vano, ogni percorso è un tassello della persona che saremo.
Non limitatevi, mai.
Io ad esempio pensavo che i biscotti al cocco non mi piacessero, poi ho aggiunto per sbaglio all'impasto la farina di mandorle ed è nata la magia.
Uno sbaglio può sempre servire a scoprire qualcosa.
Quindi sbagliate, iniziate, cambiate, ricominciate e scoprite.

INGREDIENTI
(30 biscotti circa)

- **220 gr di farina di cocco**
- **100 gr di farina di mandorle**
- **200 gr di zucchero**
- **85 gr di burro fuso**
- **3 uova**

PROCEDIMENTO

In una ciotola mettete lo zucchero e aggiungete il burro fuso, mescolate con un cucchiaio per qualche secondo e poi aggiungete le farine. Impastate a mano fino ad ottenere un effetto sabbioso.
Aggiungete le uova e impastate ancora fino ad ottenere un impasto compatto e liscio.
Staccate dall'impasto dei pezzi da circa 40 gr l'uno e formate delle palline.
Sistemate le palline su una teglia coperta con carta forno.
Infornate a 180° per 15 minuti.

Non lasciatevi ingannare
dalla presenza del cocco in questi biscotti!
Non sono dolcetti solamente estivi
sono perfetti per tutte le stagioni.

Ho aggiunto per sbaglio all'impasto
la farina di mandorle ed è nata la magia.

BISCOTTI AL MIGLIO BRUNO

RISVEGLIO

CAP. 16

Il sole che filtra dalle tapparelle.
L'aria fresca che accarezza il viso posato sul cuscino.
I gatti che si stiracchiano mentre li scosto leggermente da sopra le mie gambe, dove hanno gentilmente dormito per tutta la notte.
Con tutto lo spazio che c'è in un letto, i gatti sceglieranno sempre di dormirti addosso.
Alla fine ci ho fatto l'abitudine, anche la mia circolazione ormai sa che smetterà di funzionare a causa loro e negli anni ha acquisito un tempo di ripresa sempre più veloce.
Sposto Pepe con un piede, allungo il braccio per spostare anche la Cocco e finalmente sono libera.
La mattina per me è fondamentale che ci sia silenzio.
Accetto il sottofondo di rumore che viene dalla strada, dai vicini e dai passanti ma non parlo e nessuno mi deve parlare.
Io, tanto gentile e sorridente durante tutto il resto della giornata, sono capace di essere la creatura più odiosa della terra se mi si rivolge la parola prima che abbia preso il caffè.
Il caffè appena sveglia è la mia cura all'antipatia, il mio rito quotidiano, la mia coccola a me stessa.
Però, c'è un però.
La mattina ho talmente fame che prenderei a morsi il bancone del bar.
Mi sveglio immaginando di addentare fette di crostata alla frutta, muffins al cioccolato, torte al limone farcite con così tanta crema pasticciera che sarebbe meglio uscire di casa con un bavaglio appeso al collo.
Esco di casa correndo verso il mio caffè con i crampi della fame, pronta ad addentare qualsiasi cosa senza glutine che incroci il mio cammino.
Ecco, per me tutto questo è solo un sogno.
Al bar non posso mangiare nulla, anche lo stesso bancone è contaminato: strapieno di briciole glutinose.

Il mattino che respira

il sole, l'aria, i gatti

Quando sono proprio fortunata il barista di turno mi dice che sono disponibili delle merendine confezionate senza glutine, ma ormai la tristezza del mio sogno svanito mi pervade e quindi rinuncio mestamente anche a quelle.
Quelle merendine confezionate sono state la mia colazione per talmente tanti anni che ormai non riesco nemmeno più a guardarle.
Una volta mi accontentavo del caffè, mi tenevo la fame e poi a pranzo divoravo anche le sedie.
Si cresce, si migliora e soprattutto si impara a prendersi cura di sé.
Qualsiasi specialista del settore alimentare vi dirà che la colazione è importante, che va fatta e che è il pasto principale.
Ho imparato a prendermi cura di me e per farlo veramente ho creato una ricetta semplicissima ma perfetta per fare il pieno di energia e per smettere di accontentarmi solo del caffè.
Una mattina che la fame mi stava facendo diventare pazza mi sono messa in laboratorio decisa a trovare la soluzione definitiva al mio problema: creare dei biscotti che potessi portarmi dietro tutti i giorni, che fossero impastabili facilmente e riproducibili in poco tempo ogni volta che volessi.
Quella mattina, magicamente, ho trovato la soluzione perfetta.
Già dal profumo che usciva dal forno, si capiva che quell'esperimento era ben riuscito.
Annusavo l'aria nutrendomi del loro profumo prima ancora che del loro gusto.
Non vi nasconderò che mi sono ustionata perché mi sono lanciata sulla teglia di biscotti quando ancora erano bollenti, ma arrivati a questo punto avrete capito che "saper aspettare" non è nelle mie corde.
Ne ho mangiati una decina senza nemmeno accorgermene, rapita dal loro gusto deciso, dalla loro consistenza croccante ai lati e morbida al centro.
Da quel momento nella borsa ho sempre la mia scatolina di biscotti e dopo il caffè vado al lavoro pescando un biscotto alla volta, godendomi la mia conquista di una colazione sana, fatta con le mie mani.
I biscotti rustici al miglio sono diventati la mia colazione preferita e sono sicura che diventeranno anche la vostra.

INGREDIENTI

- **155 gr di farina di riso**
- **110 gr di amido di mais**
- **25 gr di miglio bruno**
- **120 gr di zucchero**
- **100 ml di olio di semi di girasole**
- **2 uova**

- **50 gr di farina di riso per la spianatoia**

PROCEDIMENTO

Versate in una ciotola (o nella ciotola della planetaria) tutti gli ingredienti tranne le uova ed iniziate a lavorarli con una frusta per unirli.
Aggiungete le uova e impastate a mano fino ad ottenere una palla di impasto liscia e senza grumi.
A questo punto stendete l'impasto su una spianatoia con l'aiuto della farina di riso tenuta da parte.
Siate veloci e non fate troppa pressione.
Usate uno stampo per biscotti per tagliare l'impasto e mettete quelli pronti su una teglia coperta di carta forno.
Infornate a 180° per 10 minuti.

Riuscirete a fare circa 40 biscotti quindi se non avete intenzione di finirli subito, conservateli in una biscottiera chiusa, in questo modo dureranno di più e manterranno la giusta consistenza.

istruzioni
per un'ottima colazione
1
BISCO
NON
TOCCARE
2
Caffè
3
Biscotti al miglio
120 gr farina di riso
+
25 gr farina di miglio bruno
+
100 gr di amido di mais
5
6

LEMON PIE

CUORE

CAP. 17

Un giorno di inizio estate 2018 ho incontrato un uomo di cui mi sono innamorata, un affascinante tatuatore un po' selvaggio.
Capelli al vento e pelle bruciata dal sole.
Io candida e tatuata, capelli rossi e lentiggini.
Pasticcera punk.
Lui selvatico, rude e con gli occhi limpidi e tormentati.
Si girano a guardarci, siamo effettivamente evidenti in mezzo a tanti.
Quell'anno ad inizio settembre siamo partiti per un viaggio in moto per tutta la Sardegna.
Avete presente i motociclisti perfettamente vestiti ed organizzati?
I caschi coordinati?
Gli stivali lucidi e le giacche protettive perfettamente pulite?
Scordateveli.
Siamo partiti leggeri, sporchi e liberi da itinerari già tracciati.
Siamo partiti con il minimo indispensabile e con giacche di jeans vintage a coprirci.
Abbiamo dormito dove capitava, dove abbiamo trovato il bello e i sorrisi aperti della gente del posto.
Il patrimonio culturale italiano non segue la retta via, segue le strade tortuose e un po' sperdute.
Abbiamo viaggiato su due ruote per ore ed ore, scomodi ma felici.
Il primo viaggio che facevamo insieme, la prima volta a stretto contatto ventiquattro ore su ventiquattro.
Io, curiosa di natura, ho approfittato di ogni momento tranquillo per farmi raccontare la sua vita, per conoscerlo, per innamorarmi anche dell'uomo che era prima e del bambino che era stato.
Ho ascoltato storie sul suo paese d'origine, l'Argentina, abbandonata troppo presto, ho immaginato i suoi nonni mentre me li descriveva con dovizia di particolari, ho preso nota dei nomi dei suoi amici di una vita con la voglia di

conoscerli e dare un volto a quei ragazzini scalmanati che animavano i suoi ricordi.
Un viaggio di dieci giorni è diventato un viaggio di conoscenza approfondita.
Circondati dalla bellezza della Sardegna, dal suo mare, dalle sue strade sperdute, ci siamo finalmente presentati e mostrati all'altro.
Piccoli intoppi, letti scomodi, dolori alla schiena, strade interrotte e poca benzina: nulla ha rovinato l'emozione di questo viaggio zingaresco e improvvisato.
C'era una domanda che volevo fargli da tanto e che ancora non avevo osato pronunciare.
Una domanda che mi avrebbe condizionato e che avrebbe segnato i giorni insieme a venire.
Una sera, seduti ad un tavolo per le strade di Olbia, con due cocktail davanti e la tranquillità di una giornata di viaggio appena conclusa, ho trovato la forza e ho chiesto.
"Sebastiàn, qual è il tuo dolce preferito?"
Nessuna esitazione, guizzo di golosità che gli illumina gli occhi.
"La Lemon Pie!".
Io non avevo idea di cosa fosse, non l'avevo mai preparata!
Ho sorriso e ho preso appunti mentali.
Avrei imparato a farla, per il suo compleanno a novembre avrebbe avuto la miglior Lemon Pie mai assaggiata.
A novembre ha festeggiato con la sua torta preferita e da quel momento ogni volta che voglio dirgli che lo amo senza aprire bocca impasto un po' di frolla, preparo il Lemon curd e la meringa e assemblo tutte le preparazioni come se ad ogni gesto corrispondesse una lettera.
T-I-A-M-O
La Lemon Pie è pronta, per te.

INGREDIENTI

Frolla

- 390 gr di Mix C Schär
- 160 gr di zucchero bianco
- 150 gr di burro
- 2 uova
- 1 cucchiaino di estratto di vaniglia

Crema al limone

- 3 limoni (succo e scorza)
- 3 tuorli d'uovo
- 120 gr di zucchero bianco
- 40 gr di amido di mais
- 3 cucchiai di acqua
- 60 gr di burro

Meringa

- 35 gr di acqua
- 3 albumi (90 gr)
- 1 pizzico di sale
- 130 gr di zucchero bianco

Cosa serve

- bruciatore da cucina

PROCEDIMENTO

La prima cosa da preparare è la base della torta, quindi la frolla.
Sciogliete il burro e unitelo allo zucchero e all'estratto di vaniglia all'interno di una ciotola.
Mescolate velocemente con un cucchiaio e poi aggiungete la farina.
Impastate a mano fino ad ottenere un effetto sabbioso.
Aggiungete l'uovo ed impastate fino ad ottenere la classica palla di frolla.
Avvolgete l'impasto nella pellicola trasparente e lasciate riposare almeno 30 minuti in frigorifero.
Spolverate il piano di lavoro con un po' di Mix C Schär e iniziate a stendere l'impasto con l'aiuto del matterello.
Muovete spesso l'impasto in modo che non si attacchi al piano di lavoro.
Lavorate l'impasto con il matterello fino a raggiungere uno spessore di circa 5mm.
Arrotolate la frolla sul matterello e posatela su uno stampo da crostata imburrato.
Bucherellate il fondo con una forchetta e infornate a 180° per 10/12 minuti.

Preparate ora la crema al limone.
Prendete i limoni e ricavate la scorza, poi spremeteli per ottenere il succo.

3 limoni

390 gr di Mix C Schär

160 gr di zucchero

In un pentolino versate il succo e aggiungete la scorza.
Mettete il pentolino sul fuoco.
In una ciotola a parte versate l'amido di mais e lo zucchero, mescolateli bene e poi aggiungete i 3 cucchiai di acqua.
Mescolate fino ad ottenere una cremina densa.
Quando il succo di limone inizierà a bollire abbassate il fuoco e versate nel pentolino la cremina appena fatta e mescolate con una frusta per qualche minuto.
Sempre a fuoco basso aggiungete i tuorli e continuate a mescolare.
La crema al limone sarà pronta quando la sentirete densa e non vedrete grumi.
Togliete il pentolino da fuoco e aggiungete il burro a pezzetti; mescolate finché non sarà completamente sciolto.
Fate riposare la crema al limone finché non si sarà raffreddata.

Per preparare la meringa aspettate che la crema al limone inizi a raffreddarsi.
Mettete gli albumi nella ciotola della planetaria con il gancio a frusta e aggiungete un pizzico di sale.
Fate montare gli albumi a neve ferma.
Mentre gli albumi montano in un pentolino versate l'acqua e lo zucchero e poneteli su fuoco basso.
Quando lo zucchero sarà sciolto e vedrete delle bollicine comparire sulla superficie togliete il pentolino dal fuoco e versate il liquido a filo nella ciotola della planetaria aumentando la velocità della frusta fino al livello massimo.
Dopo circa 5 minuti la meringa sarà lucida e spumosa.

Assemblate la torta versando la crema al limone sulla base di frolla, spianatela con un cucchiaio e poi con una spatola aggiungete la meringa.
Usate un bruciatore da cucina per scurire le punte della meringa.
Lasciate la torta riposare in frigo per un'ora prima di servirla.

Non è necessario essere precisi, la bellezza di questa torta sono le punte della meringa fatta senza sac a poche. Divertitevi!

Avete presente i motociclisti perfettamente
vestiti e organizzati?
Scordateveli.

CANTUCCI

DELIZIA

CAP. 18

Sono cresciuta circondata da animali:
cani, gatti, papere, cavalli, galline, conigli.
Fin da piccolissima mi sono sempre trovata ad avere a che fare con animali di ogni razza e specie e questo mi ha permesso di crescere senza temerli ma anzi rispettandoli come fossero parte integrante della famiglia.
Ho imparato ad occuparmene, a educarli, a conviverci e purtroppo anche a dirgli addio.
Oggi ho due gatti, Pepe e Cocco, di 4 e 5 anni e non potrei immaginare la mia vita senza di loro.
Mi sono stati accanto nei momenti più bui di questi ultimi anni ma anche in quelli più felici.
Tornando a casa triste durante uno dei momenti bui, mi bastava aprire la porta di casa e trovarli ad aspettarmi per stare meglio.
Non è una leggenda: gli animali percepiscono i nostri stati d'animo.
Ho avuto un gatto davvero speciale, di nome Oreste.
Oreste è stato la miglior cura agli attacchi di panico che potessi desiderare.
Iniziavo a star male e lui in men che non si dica era sul mio petto e mi leccava il naso, obbligandomi a riconnettermi con la realtà e ad accarezzarlo.
Nulla che io abbia provato ha mai funzionato così bene per calmarmi e riordinare i pensieri.
Oreste non c'è più ma rimane il suo insegnamento e il suo ricordo.
Ora ci sono Pepe e Cocco che mi fanno compagnia durante tutto il tempo che passo in casa: chi dice che i gatti sono animali indipendenti non ha mai conosciuto i miei!
Soprattutto il tempo che passo in cucina è arricchito dalla loro presenza, dal loro sguardo indagatore e dalla loro speranza nel vedersi qualcosa cadere accidentalmente tra le zampe.
Ricordo in particolare un momento in cui li ho avuti vicini durante la preparazione di una cena.

MARSA
VINO LIQUO
18

Avevo ricevuto in regalo una bottiglia di Vin Santo e tutti sanno che non si può bere il Vin Santo senza l'accompagnamento dei cantucci.
Non sono mai stata una che si sottrae alle tradizioni quindi non potendone trovare di pronti nel supermercato più vicino mi misi all'opera.
Musica in sottofondo, Pepe alla Finestra e la Cocco attaccata ai miei piedi.
Impasto, creo la forma dei cantucci e inforno.
Nell'attesa mi siedo sul pavimento a leggere la fine di un romanzo che mi stava piacendo molto.
Perché seduta in terra invece che sul divano?
Perché ero molto stanca e temevo di addormentarmi e di bruciare tutto.
La mia prudenza non era servita a niente perché esattamente 5 minuti dopo crollavo addormentata con il libro tra le mani.
Il pavimento non sarà il massimo della comodità per fare un pisolino ma quella sera mi sarei potuta addormentare anche in piedi.
Mentre i minuti passano io continuo a sognare.
I Cantucci in forno stavano per completare la prima parte di cottura e io non avevo nessuna intenzione di svegliarmi.
I minuti scorrono e io continuo beatamente a riposarmi.
Di colpo Pepe decide di saltare dalla finestra direttamente sulla mia testa e da lì schizzare di corsa verso il salotto come per rincorrere qualcosa.
Mi sveglio di soprassalto e si sveglia di colpo anche la Cocco che stava dormicchiando accanto a me ignorando tutto quello che ci circondava.
Non ancora completamente attiva sento un leggero odore di bruciato e mi ricordo dei cantucci!
Uno slancio verso il forno e li salvo giusto in tempo.
Ancora due minuti e si sarebbero bruciati.
Che Pepe mi sia saltato sulla testa per salvare i Cantucci?
Non lo so, probabilmente è stata solo una coincidenza.
Quando farete questa ricetta però assicuratevi di avere vicino un animale, non si sa mai.

INGREDIENTI

- **400 gr di Mix C Schär**
- **200 gr di zucchero bianco**
- **3 uova**
- **125 gr di mandorle sgusciate (non pelate)**
- **1 cucchiaino di marsala**
- **scorza d'arancia**
- **1 bustina di lievito in polvere**

PROCEDIMENTO

In una ciotola mettete lo zucchero e le uova e sbattete con una frusta elettrica.
Quando il composto sarà chiaro e spumoso aggiungete un po' per volta la farina.
Quando l'impasto inizierà a compattarsi iniziate ad impastare con le mani.
Unite la farina rimanente, le mandorle, la scorza d'arancia, il marsala e il lievito in polvere.
Impastate finche l'impasto risulterà liscio e non si attaccherà alle dita.
Rovesciate l'impasto sul piano da lavoro leggermente infarinato.
Dividete l'impasto in tre parti e lavorate ogni parte fino a farla diventare un filone della lunghezza della vostra teglia da forno.
State attenti a non fare filoni troppo larghi perché lieviteranno in cottura e il rischio è che si attacchino tra loro.
Sistemate i tre filoni sulla teglia coperta di carta forno e infornate a 175° per 35 minuti.
Sfornate e fate intiepidire.
Tagliate i filoni in diagonale con un coltello con lama seghettata creando dei biscotti di 1 cm di spessore.
Sistemate i biscotti sulla teglia e infornate nuovamente a 180° per 10 minuti.

Comprate una bottiglia di Vin Santo!

MARSAL
VINO

PLUM CAKE
VEGANO

INCLUSIONE

CAP. 19

Quante volte vi siete innervositi trovando in giro e nei ristoranti opzioni per i vegani e non per i celiaci?
Tante, lo so.
Però prima di arrabbiarci dobbiamo fermarci a riflettere e non giudicare spinti dal nervosismo.
È vero, noi non abbiamo scelto di essere celiaci.
Noi non abbiamo la possibilità di cambiare idea e di ricominciare a mangiare glutine.
Noi non possiamo rischiare che il nostro piatto sia contaminato.
Però non possiamo attaccarci a queste motivazioni per giudicare chi sceglie consapevolmente un percorso alimentare alternativo a quello tradizionale.
È una scelta personale e come tale non deve essere discussa.
Spesso ho sentito persone lamentarsi del fatto che non fosse giusto servire pasti vegani e non offrire anche piatti senza glutine: anche su questo punto vorrei ragionare insieme a voi.
Un ristoratore che sceglie consapevolmente di non mettere nel menù piatti senza glutine è una persona che decide di non esporre i suoi clienti ad un rischio.
Un vegetariano o un vegano non corrono rischi se nella stessa cucina viene preparata anche una bistecca, mentre noi rischiamo di star male se non viene preparato il nostro pasto in un ambiente pulito e protetto.
Il ristoratore che decide di non mentirci rinunciando a noi come clienti è da ammirare e non da attaccare.
Bisogna arrabbiarsi quando un celiaco viene paragonato a un vegetariano o a un vegano, questo sì.
Ma attenzione! Non dobbiamo arrabbiarci con il fine di sminuire una delle parti ma con il fine di fare chiarezza su tutte e tre le cose.
Se il “senza glutine” viene ancora confuso con una scelta modaiola o una dieta dimagrante è anche colpa della scarsa informazione sulla celiachia e

Nel mio negozio – Sarzana 15 Marzo 2020

della mancanza di una divisione netta da qualsiasi altra cosa.
Io ad esempio ho aggiunto nel mio negozio tantissime preparazioni vegane e vegetariane: chi entra da "Valentina Gluten Free" deve poter mangiare, qualsiasi sia la sua necessità o scelta.
Nessun giudizio, solo possibilità di scelta.
Ogni scelta è giusta se fatta consapevolmente, ogni necessità deve essere appagata.
Nel mio gruppo di amici ci sono tutte le scelte e necessità alimentari possibili: celiachia, intolleranza al lattosio, vegani, vegetariani e allergia a crostacei e molluschi per dirne solo alcune.
Potevo io, circondata da tutte queste diversità, evitare di aprirmi verso ogni tipologia di persona?
Ho scelto l'apertura e l'inclusione.

INGREDIENTI

- 270 gr di Mix It Schär
- 100 ml di olio di semi di girasole
- 260 ml di latte di riso
- 150 gr di zucchero bianco
- 1 bustina di lievito in polvere
- 1 limone (scorza e succo)
- 1 vaschetta di mirtilli (125 gr)

PROCEDIMENTO

Prendete il limone e ricavatene scorza e succo.
In una ciotola versate il latte di riso, l'olio di semi di girasole, le uova, la scorza e il succo di limone e lo zucchero.
Mescolate con una frusta.
Unite la farina e il lievito in polvere e mescolate usando la frusta finché l'impasto non sarà privo di grumi.
Aggiungete i mirtilli e amalgamateli all'impasto usando un cucchiaio.
Versate l'impasto in uno stampo da plumcake spennellato con dell'olio di semi.
Infornate a 175° per 35 minuti.
Controllate la cottura con uno stecchino prima di sfornare.

*In questa ricetta potete sostituire i mirtilli con la frutta che preferite.
Mettete il frutto scelto a crudo nell'impasto, regalerà un profumo speciale al dolce.*

250 gr di Mix it Schär

100 gr di Olio di semi

260 ml di latte di riso

150 gr di zucchero bianco

lievito

mirtilli

solo un pò di succo
di limone

TORTA FIORITA

BELLEZZA

CAP. 20

Quando ho aperto "Valentina Glutine Free" non avevo idea di quello che sarebbe successo, di quale sarebbe stato il prodotto preferito dai clienti, di quante ore avrei passato in laboratorio e di che direzione avrebbe preso la mia cucina.
Avevo tantissimi interrogativi e una sola certezza.
Questa certezza era il tipo di torte che avrei preparato.
Fin da subito ho avuto le idee chiare: le mie torte dovevano essere belle oltre che buone.
Credetemi, non è un peccato di superficialità questo mio desiderio di bellezza.
Si inizia a mangiare prima con gli occhi, posando lo sguardo sul nostro piatto e immaginando il gusto che quella pietanza ci regalerà.
Lo immaginiamo e iniziamo a pregustarlo.
Soltanto dopo la prima occhiata iniziamo a mangiare e appaghiamo anche il senso del gusto.
La vista arriva prima, seguono poi tutti gli altri sensi.
In un mondo di cibi senza glutine plastificati, tristi, sempre uguali, io ho deciso che avrei fatto di tutto per regalare bellezza a chi non la trovava quasi mai.
Il fatto che mangiare senza glutine sia una necessità, non ci fa pensare a quanto sia importante il lato estetico del cibo.
Tendiamo ad accontentarci perché la scelta è limitata.
Ordiniamo una torta in una pasticceria ed è un vero successo se ci dicono che possono prepararci una meringata.
Io le meringate le ho mangiate per almeno 20 anni, ad ogni compleanno mio e dei miei familiari.
Le ricordo perfettamente: rettangolari, strati e strati di panna e meringa, decorazioni sbilenche su tutto il perimetro e al centro spiccava trionfante la scritta "Buon compleanno" con il cioccolato, tremolante e decisamente bruttina.

Schä
gluten free
Mix C

Il gusto lo stesso dal primo boccone fino all'ultimo, con la differenza che dopo il terzo cucchiaio le papille gustative iniziavano ad annoiarsi e con loro anche io.
Mangiavo tutta la mia fetta di torta per dovere non per piacere.
Mi dispiaceva lasciare nel piatto il risultato di una ricerca spasmodica in tutte le pasticcerie della città.
Una sola pasticceria assicurava l'assenza di contaminazioni e io dovevo essere grata per quel trionfo di panna e meringa.
Il risultato è che non posso più vedere le torte meringate, non le posso più mangiare e ho scelto di non prepararle nella mia pasticceria.
Chi mi ordina una torta sa che riceverà un pezzo della mia visione estetica e che sarà un pezzo unico, inimitabile ed irripetibile.
Il concetto dietro alle mie torte è molto chiaro: avrete la torta che un celiaco non si aspetterebbe mai di ricevere.
Scelgo i fiori proprio per questo.
Sono la decorazione perfetta per comunicare CURA, AMORE e BELLEZZA.
Non esiste un fiore uguale all'altro e le possibilità di creare combinazioni sono innumerevoli.
Si gioca con i colori, si uniscono profumi, si legano consistenze e si creano fusioni di frutta, fiori, erbe.
Quello con cui nutriamo il nostro corpo deve essere sano ma anche esteticamente appagante, deve essere speciale da ogni punto di vista.
La bellezza non è solo nel risultato finale ma risiede anche nella scelta degli ingredienti, nella cura degli impasti, nel rispetto dei tempi, nei dettagli.
Di solito le torte vengono decorate con gocce di cioccolato, meringhe, zuccherini colorati: tutti dettagli che sembrano decisamente più giusti di un ramo di eucalipto.
Io ho sempre amato il dettaglio sbagliato che inaspettatamente si trova al posto giusto.

INGREDIENTI

(dosi per una torta, ripetere due volte per riempire due tortiere)

- **300 gr Mix C Schär**
- **280 gr di zucchero bianco**
- **3 uova**
- **200 ml di latte di riso**
- **100 ml di olio di semi di girasole**
- **70 gr di cacao amaro in polvere**
- **mezza bustina di lievito in polvere**
- **un barattolo di marmellata a vostra scelta**
- **250 ml di panna vegetale**
- **frutta fresca**
- **fiori eduli o fiori trattati e igienizzati**

PROCEDIMENTO

In una ciotola versate il latte e l'olio e aggiungete le uova, mescolate con una frusta.
Aggiungete lo zucchero e mescolate di nuovo.
Unite la farina, il lievito e infine il cacao.
Quando l'impasto risulterà omogeneo versatelo in una tortiera a cerniera da 22 cm precedentemente imburrata.
Infornate a 170° per 45/50 minuti.
Ripetete il procedimento per la seconda torta.
Fare la prova stecchino prima di sfornare.
Quando entrambe le torte saranno fredde (l'ideale sarebbe tenerle una notte in frigorifero) tagliate la parte superiore per rendere la superficie precisa.
Dividete ogni torta a metà ottenendo 4 basi di torta.
Montate 100 ml di panna vegetale nella planetaria con il gancio a frusta.
Posate la prima torta su un disco sottotorta e spalmate la marmellata con l'aiuto di un cucchiaio.
Aggiungete uno strato di panna vegetale e posate il secondo strato

① Cura, amore, bellezza.
Soffermati

② Taglia una fetta.

③ Non lasciarne
neanche una
briciola

di torta facendo una leggera pressione al centro per stabilizzare la costruzione.
Ripetete le fasi della farcitura fino ad arrivare all'ultimo strato di torta.
Con la panna rimanente coprite la superficie esterna della torta e con l'aiuto di una spatola stendetela eliminando l'eccesso.
Sarà uno strato leggero.
Lasciate la torta in frigo per una notte intera.

Per la seconda copertura della torta montate 150 ml di panna vegetale nella planetaria con il gancio a frusta.
Stendete la panna sulla superficie della torta e rendetela omogenea con l'aiuto di una spatola.
A questo punto potete scegliere se rendere la copertura più pesante o più leggera, simile ad una Naked Cake.
Decorate con frutta e fiori.

*Decorare secondo il vostro gusto personale:
frutta fresca, fiori, foglie,
erbe aromatiche, zucchero colorato,
gocce di cioccolato*

*Tutto è concesso, la fantasia
e la creatività non hanno limiti!*

Fine

RINGRAZIAMENTI

Grazie alla mia famiglia che mi ha dato la possibilità di scoprire quale fosse il mio talento, sostenendomi, aiutandomi, sgridandomi e consigliandomi.
Grazie al mio compagno Sebastiàn che mi ha insegnato a non aver paura.
Grazie a Maurizio Maggiani per avermi regalato le pagine che avete letto all'inizio di questo libro ma soprattutto per avermi insegnato che i libri sono come il cibo, nutrimento.
Grazie a Giulia Del Mastio per essere l'amica e collega folle che ha creduto in questo progetto fin dal nostro primo incontro.
Ha trasformato in illustrazioni i miei pensieri e nessuno avrebbe potuto farlo meglio di lei.
Grazie a Martina Ruffini per avere lo sguardo romantico, cupo e sognante che la contraddistingue e la rende speciale e ideale per questa avventura.
Grazie ad Irene Ratti che con "La Verde Milonga" non ha messo in piedi un negozio di fiori ma un negozio di scenografie fiorite.
Grazie a Sara Stefanini, collezionista di meraviglie con lo pseudonimo di "Mes object de charme", che ci ha accolto nella sua splendida casa e ci ha permesso di farne il quadro in cui ritrarre il mio lavoro.
Grazie a Carolina Angius, che con il nome di "Carolina Emme" mi ha vestita per ogni foto di questo libro; i suoi non sono soltanto vestiti ma mezzi perfetti per esprimere la personalità di chi li indossa.
Grazie a Claudia Rocchini di Studio Nautilus che mi ha donato l'alzata per torte che vedete in copertina e che è diventata la mia preferita tra tutte quelle che ho.
Grazie ai miei amici per esserci e per aver riso insieme a me quando ne avevo davvero bisogno.
Grazie a tutti voi che avete questo libro tra le mani, senza il vostro sostegno tutto questo non esisterebbe.
Grazie Reverdito Editore per aver creduto in me.
Grazie Oreste, Grazie Nonno Aldo, Grazie Nonno Paolo.

LE AUTRICI

Ho 32 anni e a volte me ne sento 22, altre volte 52.
Soprattutto negli ultimi 3 anni ho corso talmente tanto che mi sembra di aver macinato anni e anni di vita senza rendermene conto.
Ma partiamo dall'inizio.
Mi chiamo Valentina Leporati, sono nata a La Spezia il 20 Marzo 1988 e sono cresciuta in questa città che si affaccia sul famoso Golfo Dei Poeti.
Un nome, una garanzia.
Da un lato le Cinque Terre e la loro selvaggia bellezza, dall'altro il confine con la Toscana e i suoi accenti inconfondibili, i campi immensi e il buon vino.
Sono cresciuta con la testa immersa nei libri, la musica sempre accesa e le mani sempre impegnate a combinare, creare, smontare e rimontare.
Ferma non so stare.
Ed è per questo che quando finalmente ho trovato la mia strada, 3 anni fa, non ho smesso per un secondo di correre.
Ho aperto "Valentina Gluten Free" e ho riversato nella mia "creatura" tutto l'istinto materno che possedevo.
L'ho creato, l'ho nutrito e lo sto crescendo con talmente tanta dedizione che spesso mi dimentico che non è un figlio in carne ed ossa.
Succede così quando passione e lavoro sono la stessa cosa, sbaglio?
In questo tre anni il tempo è volato e le soddisfazioni sono arrivate a ripagare tutto il mio impegno: ho cucinato fianco a fianco con grandi chef e pasticceri (Iginio Massari, Sonia Peronaci), ho lavorato in televisione ("Detto Fatto", Food Network), sono stata intervistata dalla mia radio preferita (Radio Deejay), sono comparsa sul mensile "Starbene" che ha dedicato due pagine alla mia storia e ho collaborato incessantemente con il marchio Gluten Free del mio cuore, Schär.
Oggi sono qui a scrivere queste righe per il mio primo libro e posso dire di essere soddisfatta di quello che sto creando e dei risultati che sono arrivati.
Ogni occasione è importante se mi permette di parlare di Celiachia e di farlo in maniera positiva e costruttiva.
Continuerò a fare questo lavoro con tutto l'amore possibile, per me e per tutti voi.

Valentina

Giulia Del Mastio, 35 anni, toscana, solitaria, insuperabile osservatrice sognante.
Avrò avuto poco più di sei anni, e con i miei immancabili orecchini a cerchio, a sottolineare una certa eleganza, mi ispeziono scrupolosamente le dita zozze dei piedi. Non è cambiato molto da allora.
Gli aneddoti di famiglia narrano che durante questa gita nei boschi sul Monte Amiata, chiesi ai miei genitori se da quelle parti si aggirassero lupi.
— Ma ci sono: i lupi di quelli in piedi, o i lupi di quelli a cane?
Ecco, non ho mai fatto molta distinzione tra il mondo reale e quello della fantasia. Vivo in entrambi, contemporaneamente, ancora oggi.
Camminando nel bosco, potrei impaurirmi trovandomi davanti a un lupo comune e sicuramente non mi sorprenderei nell'incrociare il lupo di Cappuccetto Rosso, temibile ma così gentile, da offrirmi un morso di focaccia e un bicchiere di vino appena sgraffignati dal cestino per la nonna.
Ho bisogno costantemente di viaggiare con la mente. Da sempre ho questo modo di sognare: immagino, osservo... disegno.
Dopo gli studi Accademici, una parentesi nel mondo della scenografia teatrale, e un periodo in cui credevo di poter diventare una grande pasticciera, l'illustrazione è diventata il mio lavoro. Quello che da sempre avevo sognato, è finalmente entrato nella mia vita reale. Così da quattro anni sono un'illustratrice freelance. La mattina mi alzo, e con i gatti sul tavolo da lavoro, la mia tazza di caffè fumante e Olivia che mi osserva rassegnata dalla sua cuccia, mi metto a fare ciò che più amo: sogno e disegno.
La mia casa si è trasformata. È sempre più simile a un atelier, sporca di trucioli di gomma e profumata di colore per dipingere. Qui nascono le mie illustrazioni destinate all'editoria, alle aziende, ma anche a molti privati, che sempre più spesso mi chiedono ritratti o illustrazioni personalizzate.
Vedere gli occhi lucidi, sentire l'emozione delle persone che apprezzano quello che so fare, ripaga la devozione e i sacrifici.
Questo libro è stato sognato, ha richiesto coraggio e molto impegno.
Sfogliatelo, leggetelo e osservatelo, ogni pagina raccoglie molto di me e di Valentina, e racconta tutto dell'amore che entrambe custodiamo per il nostro lavoro.

Giulia

INDICE

Ricette dolci

Finito di stampare
nel mese di giugno 2020
per conto di

REVERDITO